服务热线：400-

U0575810

上海冰熊专用汽车有限公司
河南冰熊专用车辆制造有限公司

1．产业链优势：战略定位及全国战略同盟的形成，打造多元跨界全行业的投融资平台。

冰熊公司的战略是未来的3~5年，主要在产品线、生产线、产业链三方面的拓展，成为中国综合式厢式货车的第一品牌和第一家上市公司，并借此对厢式改装车行业进行整合。

2．技术优势：二十年内生技术积淀及国际化视野技术合作。

企业的技术优势明显，不仅有源自内生的二十年的技术基础，形成了一系列的专利或专有技术，而且还拥有来自全球领先合作方的原位注入发泡技术、拖挂车悬挂及底盘解决方案、电动物流车辆系统解决方案、高端箱式中小型货车一体化箱体解决方案等技术来源。

3．军品技术及市场优势：质量技术领先的军用特种车辆制造商。

企业从事军用车辆生产近二十年，承接了来自总政、总装、总后、武警总部、二炮等多个军事单位的宣传车、淋浴车、冷藏保温车、野战医护车等多种军用特种车辆的研发及生产。冰熊公司是国内质量技术领先的军用特种车辆制造商，下属河南冰熊、上海冰熊两个主体均已经顺利入围总后勤部"十三五"装备供应商，由于冰熊过硬的质量和领先的技术，进一步使得冰熊成为"十三五"多个军用特种车辆的首研单位，并将享受非招标生产的优先权。

4．管理优势：成本控制导向的全面ERP管理及具有奉献精神的高管团队。

企业主要领导团队的能力极强，具有较强的责任感和使命感，市场化和全球化的意识和运作，并且具有较强的合作协同精神，而且具有很强的产业发展视角，具有较强的高端改装车辆的相关市场资源，在电商物流车辆、电动车物流车辆、军用物流车辆、医药物流车辆、物流车辆产业链管理等方面均有相关布局，企业现金流一直稳定，管理优势明显。

5．质量优势：高效的工艺优化能力及严格的质量控制管理。

6．市场及品牌优势：军品及民品领域无可争议的行业第一品牌。

创造冰鲜世界
品味美好生活

誠信、責任、創新、共贏

品質立信　濟達四海

始終致力於醫藥供應鏈的整合和服務創新，不斷提升醫藥產品流通
和使用的高效率，努力實現保障人類生命與健康的崇高目標

　　作為上海醫藥集團股份有限公司的全資子公司，上藥科園始終致力於提升民眾的健康生活品質，立足北方深耕醫藥經營市場，利用醫藥供應鏈整合服務創新及高端醫藥、疫苗和耗材業務，成為大健康領域價值鏈最優秀的服務商。

　　上藥科園作為較早開展醫藥冷鏈物流業務的大型醫藥商業企業，積極遵循現代供應鏈管理的理念，構建冷鏈物流、質量、風險管控和標準化體系建設，為上下游客戶提供一體化、高效、專業的服務。

北京 / 海南 / 湖北 / 河南 / 陝西 / 內蒙古 / 吉林 / 大連

上藥科園信海醫藥有限公司
SPH Kyuan Pharmaceutical Co.,Ltd.

地址：北京市豐台區南四環西路186號
　　　漢威國際廣場1號樓9層

www.sphkyuan.com

北京金隅股份有限公司

中国领先的商务地产投资者与管理者　　北京最大的高档物业开发商之一

金隅高新产业园

北京南城高新产业魅力聚集新航标

　　项目地处北京电子商务中心核心区，毗邻大兴生物医药基地，距首都新机场15千米，距北京南站23千米，距黄村火车站4千米。建设用地规模为16万平方米，总建筑面积约为31万平方米。

北京市大兴区黄村镇大庄东

　　以电子商务、健康产业为重点服务方向，汇聚高标准仓配物流体系、高端办公孵化环境、多功能展示交易及会议会展中心，配套停车场、餐饮、公寓、健身房、超市等综合服务设施，为入园企业提供政策投资、工商税务、平台共享等高品质专业化服务，不断提升园区在"互联网+"下的创新和辐射带动能力，打造京南高新产业核心示范区，促进大兴区电子商务和健康产业集聚和发展。

招商对象
期待生物医药、医疗器械、保健品等健康产业各类企业及机构加入！
期待电子商务及支撑、服务企业及机构、国际化物流公司加入！

微信扫一扫
精彩随时到
欢迎登录官网
www.bbmg-logistics.com

咨询热线：
010-60280548 / 60280546

邮箱：
bbmgwly@163.com

医药➕医疗器械物流
方案解决专家

01 物流设计   **02** 项目定制   **03** 医疗器械

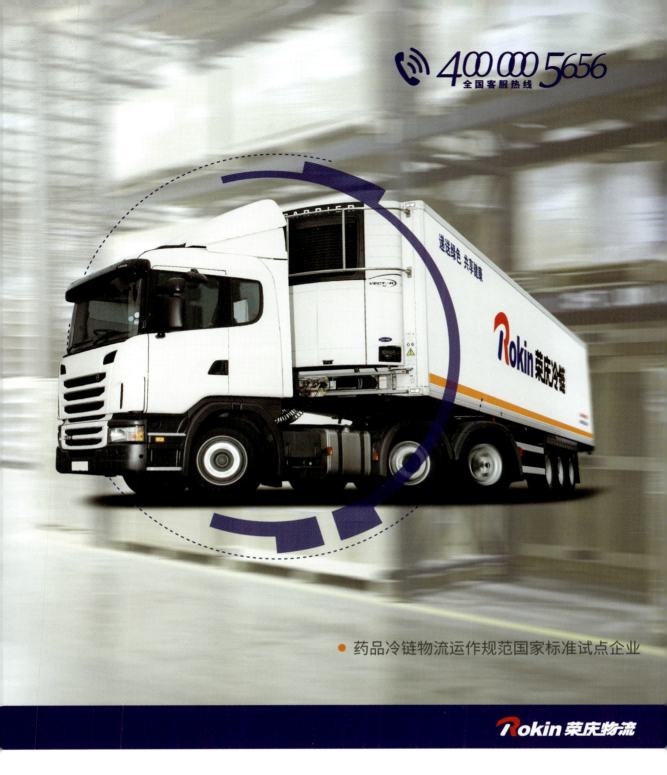

400 000 5656
全国客服热线

递送绿色 共享健康

Rokin 荣庆冷链

● 药品冷链物流运作规范国家标准试点企业

Rokin 荣庆物流

04 药品冷链   05 冷链仓储   06 终端配送

杭州凯立通信有限公司
Hangzhou Kaicom Communication Co.,Ltd

杭州凯立通信有限公司
Hangzhou Kaicom Communication Co.,Ltd

杭州市滨江区江南大道288号
康恩贝大厦B座12楼
销售中心：0571-86500878
传真：0571-86983802
邮编：310051
网址：www.kaicom.cn

　　杭州凯立通信有限公司是一家致力于物联网的终端、系统和软件开发为一体的整体解决方案提供商。

　　公司成立于2003年，主业面向最具发展前景的物联网领域，核心技术是嵌入式、移动和云计算，致力于开拓快递物流、电商仓储、制造业、零售业等行业的信息化市场，为行业用户提供全面的软硬件系统整合服务。

　　公司依托互联网电商龙头发祥地、民营快递集团集聚地的地域优势，专注于专业人才的引进和培养、技术的研发与创新，经过10多年的磨砺，目前公司已拥有一支年轻化、专业化、勇于创新.精益求精的团队.公司团队有130人，其中，硕士5人，本科及以上学历占80%以上，研发水平处于同行领先水平。完全具备物联网终端的技术研发、软硬件设计、产品开发、生产制造和产品经营等全方位的能力。公司已发展成为同行业中竞争能力强，市场占有率高、经济效益良好的知名企业。

　　杭州凯立通信有限公司始终以不断地开发新应用和推进生产力变革为己任，与客户共同发展，协助客户提升竞争力，占据行业制高点。

　　以最好的产品，最优的服务，最具竞争力的解决方案，使我们的客户以最低的投入获取最大的竞争力提升，是凯立永恒不变的追求。

咨询电话：0571-86500878

 0571-86500878
www.kaicom.cn

格瑞纳－健峰

中国医药物流发展报告

China Pharmaceutical Logistics Development Report

（2015）

中国物流与采购联合会医药物流分会

China Federation of Logistics & Purchasing

Pharmaceutical Logistics Branch

中国财富出版社

图书在版编目（CIP）数据

中国医药物流发展报告.2015 / 中国物流与采购联合会医药物流分会编.—北京：中国财富出版社，2016.4

ISBN 978 - 7 - 5047 - 6066 - 1

Ⅰ.①中…　Ⅱ.①中…　Ⅲ.①药品—物流—物资管理—研究报告—中国—2015　Ⅳ.①F724.73

中国版本图书馆 CIP 数据核字（2016）第 045562 号

策划编辑	惠　婳	责任编辑	惠　婳		
责任印制	何崇杭	责任校对	饶莉莉	责任发行	斯　琴

出版发行	中国财富出版社				
社　　址	北京市丰台区南四环西路 188 号 5 区 20 楼		邮政编码	100070	
电　　话	010 - 52227568（发行部）		010 - 52227588 转 307（总编室）		
	010 - 68589540（读者服务部）		010 - 52227588 转 305（质检部）		
网　　址	http://www.cfpress.com.cn				
经　　销	新华书店				
印　　刷	北京京都六环印刷厂				
书　　号	ISBN 978 - 7 - 5047 - 6066 - 1/F · 2555				
开　　本	787mm × 1092mm　1/16		版　　次	2016 年 4 月第 1 版	
印　　张	11.5　插　页　6		印　　次	2016 年 4 月第 1 次印刷	
字　　数	176 千字		定　　价	120.00 元	

中国医药物流发展报告
（2015）

编　委　会

中国医药物流发展报告
（2015）

编 辑 部

主 编： 秦玉鸣

副主编： 杨春光 郭 威 王新刚

编辑人员： 田 芬 马 建 于凤影 董雪飞 朱晓迪 吴 爽
刘晶晶 郭 旭 何冬仁 朱洋平 宗 扬

联系方式： 中国物流与采购联合会医药物流分会
中国医药物流网：www. cpl. org. cn
电话：010 - 53368385
传真：010 - 68189989
邮箱：dxf@ cpl. org. cn
地址：北京市海淀区阜成路58号新洲商务大厦205室

支持单位： 中物企联（北京）供应链管理有限公司
河南冰熊专用车辆制造有限公司
上药科园信海医药有限公司
北京金隅高新产业园

前　言

　　随着中国经济的快速发展，人民生活水平的不断提高，人口老龄化程度的加剧，基本医疗保险制度以及药品分类管理的推行，国民对医药的需求快速增长。与此同时，国家加大了医疗及药品流通领域的政策支持力度，加强了对医药流通的监管，对医药企业现代化物流技术和管理的改进给予了政策引导，促进了医药物流业快速发展。

　　2015 年，随着中国经济下行压力加大，医药流通行业的增速也继续放缓，但总规模在不断扩大。行业内企业对于物流的重视程度在进一步提高，从市场的角度来看，行业分工趋于精细化，服务需求趋向柔性化，市场对药品三方物流、药品冷链物流、器械三方物流的需求在增加。

　　《中国医药物流发展报告（2015）》主要反映了 2014—2015 年中国医药物流行业的发展现状、问题和趋势，共分为七个章节。第一章是医药物流发展概述，从欧美等发达国家医药物流发展、中国医药物流发展背景和运行现状三个方面进行分析；第二章是医药物流模式分析，分别介绍了供应链现状、运输与配送模式、药品第三方物流的发展、社会物流企业介入医药的模式及案例选编；第三章是医药物流（健康）产业园及仓储分析，从物流（健康）产业园和医药物流仓库两大方面展开阐述；第四章是药品零售物流发展态势；第五章是特殊品类物流，以药品冷链物流、医疗器械物流、中药材与中药饮片物流、医药电商物流为例，分别进行了详细的介绍；第六章是我国医药物流技术装备分析，系统介绍了医药物流技术装备现状与趋势、WMS（仓库管理系统）、TMS（运输管理系统）和 GPS（全球定位系统）技术、自动分拣输送系统、自动化立体仓库和穿梭车、电子标签与 RF（射频）系统和货架、叉车、托盘、自动温湿度监管等设备在医药物流的应用；第七章是医药物流行业政策分析，包含了国家层面医药物流政策与趋势和我国代表性省份医药物流政策总结。此外，在附录部分，还收集了涉药品物流、药品现代物流、第三方物流、医疗器械与中药材方面的相关政策，中国物流与采购联合会"A"级药企汇总，代表性药品现代医药物流中心企业汇总，中国药品现代物流、第三方物流批复件授予名单，2014年医药流通百强企业仓储资源抽样调研等内容。

本报告将会伴随着医药物流行业的发展持续编辑出版下去。本次编辑过程中因经验和水平不足留下的诸多遗憾，将转为未来改善、提升的空间，在此真诚地希望各位读者对本报告提出宝贵的意见和建议。

中国物流与采购联合会副会长兼秘书长　崔忠付
2016 年 3 月 1 日

目　　录

第一章 医药物流发展概述

"物流"概念作为舶来品，起源于美国。1921 年，阿奇·萧在《市场流通中的若干问题》一书中提出"物流是与创造需要不同的一个问题"，并提到"物资经过时间或空间的转移，会产生附加值"。这里，时间和空间的转移指的是销售过程的物流。在东亚日本，"物流的流通"早在 20 世纪五六十年代即兴起，于 1970 年以后逐步统一为"物流"。

随着改革开放，物流这一概念最早于 1978 年引入我国。而医药物流的概念，最早则出现在国内部分专家、学者的专业文章中。目前，我国认可的医药物流概念是：医药物流是依托一定的物流设备、技术和物流管理信息系统，有效整合营销渠道上下游资源，通过优化药品供销配运环节中的验收、存储、分拣、配送等作业过程，提高订单处理能力，降低货物分拣差错，缩短库存及配送时间，减少物流成本，提高服务水平和资金使用效益，实现自动化、信息化和效益化。

第一节 欧美等发达国家医药物流发展概述

2015 年，全球医药市场规模（不含医疗器械）约 10688 亿美元，根据全球药品市场的增长情况，预计 2016 年，全球药品总销售额将为 11609 亿～11936 亿美元，而中国占全球药品市场份额将达到 10%，约为 1150 亿～1250 亿美元，中国将超越日本成为全球第二大药品市场。

医药物流作为物流领域的一个分支，虽然近年来在中国的发展速度很快，但是发展现状受到我国医药流通业的整体经营水平、政策环境、历史积累等多种因素的制约，与国外相比也有较大的差异。

调研显示，欧美发达国家对医药物流的重视程度很高，无论是理论研究还是应用技术，信息化、自动化、智能化的手段运用较早。在过去的 20 年里，美国、日本及欧洲的医药物流都有了较完善的发展，从先进的物流技术、行业法律法规的完善、医药联盟的组建及配送模式的选择，都值得中国医药物流业未来发展参考、借鉴。下面重点介绍美国与日本的医药物流概况。

一、美国以大型物流中心为枢纽的医药流通模式

美国是典型的医和药分开的国家，医院不设门诊药房，病人拿到医生处方后自行到药店购买药品，药店设专业药剂师对处方进行核实监督，确保用药安全。在美国，按照消费者购买药品的渠道来看，零售渠道是药品销售的主渠道。连锁药店、独立药店、食品店的药品销售量占了药品销售领域的约 60%；而公立医院、非公立医院、私人诊所等占了药品零售的约 27% 的份额；其他份额主要是通过电商等新兴领域销售。难能可贵的是，美国的药品物流集约化程度非常高。有数据显示，目前美国药品批发市场份额的 95% 由前三位药品分销商占有；同时，美国零售药店行业的连锁化率也逐步提高，并最终形成以 CVS（美国西维士药店）、Walgreens（美国沃尔格林公司）和 Rite Aid（美国来爱德公司）三家企业为主的寡头垄断格局。

有数据显示，美国一些大型药品物流中心的主要作业项目基本实现了

自动化、标准化、智能化。全美的药品经销企业每天需要处理 25 万份订单，订单条目多达 1000 万条，需要配送到 12.5 万个分销机构，隔天配送的响应率高达 95%，准确率达到 99%，每个订单条目的配送成本仅大约 0.3 美元。充分的市场竞争带来的是物流管理的精益化、成本的极端压缩。一份案例显示，1 美元的处方药中，76 美分归制造商、20 美分归分销商（药房），只有 4 美分归批发商。

总体而言，美国的药品物流有以下特点：

（1）药品零售终端医药分业很明显；

（2）药品分销体系高度扁平化；

（3）药品物流集中度非常高；

（4）药品物流高度自动化和智能化。

二、日本多渠道、细化的医药流通模式

日本的药品流通方式与美国大不一样。调研显示，日本的医和药分得并不彻底，约有一半的药品零售发生在医疗机构，约有一半的医生在开处方的同时售药。据日本医药批发业联合会（JPWA）统计显示，日本的批发药品中，50% 流向了各类药店，30% 流向了各类医院，20% 流向了各类诊所和其他机构。但是从总体趋势来看，"医药分业"正在逐步实现。

随着市场竞争的加剧，日本药品批发领域的集中度也在明显提升，日本前三大医药批发商 Medipal（Medipal 控股公司）、Alfresa（阿弗瑞萨控股公司）、Suzuken（铃谦株式会社）在全球医药批发企业中处于领先地位，占据了日本国内医药批发市场的绝大部分份额。

日本采用社会公用的物流配送系统，并且规定药品不进入配送体系，就不能进入市场；而药品如果不进行标准化生产和包装，就不能进入物流体系。随着日本药店终端在医药零售市场份额的增长，对物流体系的强壮

性和柔性的要求不断增加，这就要求药品物流通常使用的社会物流配送中心必须配有先进的软硬件设备，才能高效率、低成本地完成小批量、多批次订单的送货要求。

总体而言，日本的药品物流有以下特点：

（1）药品零售终端逐步走向"医药分业"；

（2）药品批发市场集中度高；

（3）药品物流高度现代化和智能化。

第二节　中国医药物流发展背景

一、产业背景

中国医药流通产业近年来一直处于快速发展中，无论是整个行业的市场容量还是企业的规模，均呈现出整体上升的势头。中国医药流通市场的增容，也促进了医药物流行业水平的提升。

根据商务部数据显示，2015年上半年全国七大类医药商品销售总额8410亿元，比上年同期增长12.4%，增幅回落1.7个百分点。其中，药品零售市场销售总额为1682亿元，扣除不可比因素比上年同期增长8.7%，增幅回落0.3个百分点。

中国2014年全年药品流通行业销售总额15021亿元，同比增长15.2%，增速较2013年下降1.5个百分点；其中药品零售市场3004亿元，扣除不可比因素同比增长9.1%，增幅回落2.9个百分点。

按销售对象分类，2014年对批发企业销售额为6426亿元，占销售总额的42.8%，比上年降低0.3个百分点；纯销售额（包含对医疗终端、零售

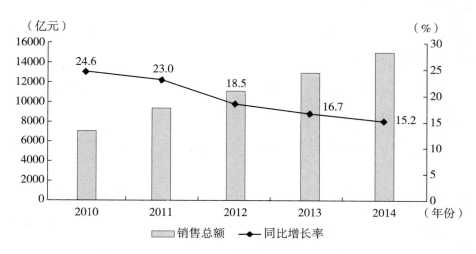

图 1-1　2010—2014 年药品流通行业销售趋势

终端和居民的销售）为 8596 亿元，占销售总额的 57.2%，比上年增加 0.3 个百分点。

2014 年，全国社会消费品零售总额为 26.24 万亿元，药品流通行业销售总额占社会消费品零售总额的 5.7%，同比分别增长 0.1 个百分点。

2015 年，大型药品流通企业的主营业务收入、利润增长、费用控制普遍优于行业整体水平，对行业发展的引领作用进一步提升。药品流通行业总体销售增长放缓、运营成本增加、毛利率降低等一系列现实情况，对全行业发展形成了较大压力。

2015 年，医药电子商务继续快速发展。截至 2015 年年底，我国拥有互联网交易资质的医药企业合计为 425 家，企业数量同比增长 56.3%，其中 B2B（企业对企业）为 90 家、B2C（企业对消费者）为 319 家、O2O（在线离线/线上到线下）为 16 家，主要的交易模式为 B2B、B2C 形式，其中 B2B 占销售额比重为 90%（O2O 模式不含其中）。大型药品流通企业纷纷"触网"，如国药进军体检行业合作成立"国药集团健康商城"、英特新型联盟形式"药店在线"、第三方 B2C 平台"天猫医药馆"、浙江珍诚自营式 B2B 模式"珍诚在线"、第三方 B2B 平台"我的医药网"、叮当快药 O2O 模式、上药＋京东、阿里健康"云医疗"等多种模式，将为医药电子商务的发展提供更多的业务增长点。

医药行业是国民经济的重要组成部分。按照行业统计方式，医药流通业分为医药商业、医药零售两大环节。按照国内主流的医药商业分类，医药商业的主要流通业态包括医院纯销、分销调拨、普药快批三类。

商务部的药品流通行业统计分析报告显示，2014 年国内医药商业总规模约为 12017 亿元。按照抽样分析，医药商业批发环节的平均单件货值约为 1600 元，相当于 75106 万件货物的流通规模。

根据商务部的药品流通行业统计分析报告，2014 年国内医药零售总规模约为 3004 亿元。按照抽样分析，医药零售环节的平均单件货值约为 700 元，相当于 42914 万件货物的流通规模。

2014 年中国医药流通经济，药品商业批发物流与药品零售物流的货物总件数约为 118020 万件。

二、政策背景

随着《物流业中长期发展规划（2012—2020 年）》的发布，国家加大了对物流业的扶持力度。尤其是 2015 年 3 月 5 日，第十二届全国人民代表大会第三次会议在京召开，李克强总理代表国务院向大会报告政府工作。作为纳入我国十大振兴行业的现代物流业，其相关内容在此次《政府工作报告》中被多次提及、强调，充分体现出党和国家对物流业的重视，也从多个方向为物流产业的发展吹来了政策春风。

而作为关系国民生命健康的医药物流领域，政策的导向在 2015 年显得尤为明显。

（一）规范性要求提高了医药物流的准入门槛

自 2013 年国家卫生部、药食总局陆续颁布新版 GSP（药品经营质量管理规范）标准以来，各省逐步启动了医药企业新版 GSP 换证和认证的工作，此项工作要求全国的医药企业必须在 2015 年年底全部完成换证工作，否则退出药品经营市场。针对国家局这一要求，各省药监局陆续出台新版 GSP 认证细则，国内大多数省份都完成了药企换证、认证工作。

因此，从 2014 年开始，部分没有库房，或者原有库房不达标的医药企业，纷纷加快了外租物流仓库的步伐。这一趋势直接促进了我国部分医药企业加大对现代医药物流中心的投入；还有一部分企业利用这一时机，加快了获取土地、自建大型药品物流中心的步伐。根据调研，目前我国已经建设完成在用的、具有代表性的大型现代药品物流中心有 152 座；获得中国物流与采购联合会 "A" 级认证的医药物流企业 88 家。如表 1 - 1 所示。

表 1 - 1　　　　中国物流与采购联合会 A 级医药物流企业数量统计

级别	药企数量（家）
5A	9
4A	41
3A	31
2A	6
1A	1
合计	88

注：详细药企名单见报告附录四。

（二）药品物流资质待明确

国家商务部于 2011 年正式发布了 "十二五" 药品流通行业规划纲要，

该文件明确鼓励发展大型的、现代化的医药物流中心。

在商务部发布的《药品批发企业物流服务能力评估指标》里，贯彻了将医药企业分级管理的思路：商业药企从低到高分为"A、AA、AAA"三级。省辖市、地级市药品批发企业要达到 A 级，年配送总货值要达到 2 亿~10 亿元；县及县级以下药品批发企业则要达到 5000 万元才能入选，对 AA 级和 AAA 级企业的要求更高。AA 级企业的年配送总货值要达到 10 亿~30 亿元；而 AAA 级企业的年配送总货值要达到 30 亿元以上。为了与新版 GSP 的管理思路配套，商务部还要求上述三级药企必须分别具有 5000 平方米、10000 平方米、15000 平方米以上仓库；经营中药材的仓库标准还在大幅度提高。同时，在仓库管理系统（WMS）、电子标签（数据处理系统）、自动温湿度仪、冷库容积、车辆数量等方面也有严格要求。在考虑硬件规模的同时，企业的软件服务能力也被纳入考核范围，如运输包装完好率、运输过程信息可追溯率和冷藏药品、特殊管理药品信息可追溯率等都被纳入考核范围。

但是，截至报告编制之日，国家药食总局层面尚未出台现代医药物流建设的标准和第三方医药物流认证的文件。虽然自 2008 年开始，我国部分省份陆续出台了本省的药品现代物流暂行标准或药品三方物流暂行标准，但也有部分省份尚未出台暂行标准，这在一定程度上制约了我国药品现代物流的发展。

第三节 中国医药物流运行现状

2014 年，政府出台了鼓励资本进入物流投资领域的政策。2015 年，基本药品招标进一步强调"两票制"的执行，对中国医药物流的发展都是利好。

一、医药物流集约化趋势加强

自 2011 年起我国药品流通行业销售总额增速逐年放缓，从年均增长 24.6% 逐步递减到 15.2%，即增长进入换挡期，行业已告别连续 8 年复合增长率 20% 以上的高速发展阶段，转向中高速增长阶段。

从行业市场占有率来看，2014 年前 100 名药品批发企业主营业务收入占同期全国医药市场总规模为 65.9%，比上年提高 1.6 个百分点；主营业务收入在 100 亿元以上的批发企业占同期全国医药市场总规模的 48.8%，比上年提高 4.3 个百分点。数据显示，药品批发行业集中度进一步提高，企业规模化、集约化经营模式取得良好效益，物流集中化的趋势也在加强。如图 1-2 所示。

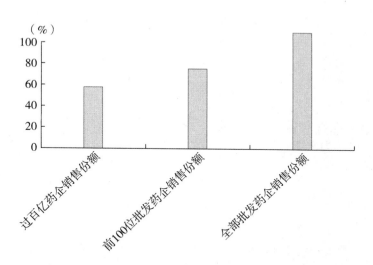

图 1-2 2014 年药品流通行业批发百强占比份额

二、全国药品配送情况

以商务部药品批发直报企业为例，2014 年，药品批发直报企业商品配送总额 9460 亿元，其中自有配送中心配送额占 82.5%，非自有配送中心配送额占 17.5%，非自有配送中心配送额占比较上年降低 2.3 个百分点；物流费用 103 亿元，其中自主配送物流费用占 84%、委托配送物流费用占16%，委托配送物流费用占比较上年降低 2.1 个百分点。如图 1－3 和图 1－4 所示。

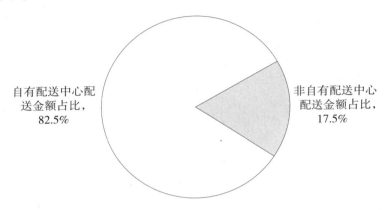

图 1－3　2014 年药品流通自有配送占比

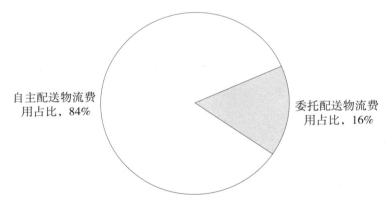

图 1－4　2014 年药品流通行业自主配送物流费用占比

非自有配送中心配送额和委托配送物流费用占比下降是由于直报系统企业中大型药品流通企业加大自身物流建设，提高自有配送能力，减少了委托及非自有配送比例。物流费用占企业三项费用（营业费用、管理费用、财务费用）总额的 18.5%，与上年相比增加了 2.1 个百分点，占营业费用的比例为 32.2%，与上年相比增加了 1.7 个百分点。基本药物配送额为

1374 亿元，其中对本省配送金额占比 87.24%，对外省配送金额占比 12.76%。

2015 年全年药品流通行业销售总额约为 16974 亿元。全国六大区域销售总额比重预计分别为：华东 40%、华北 19%、中南 20%、西南 12%、东北 6%、西北 3%。如表 1－2 所示。

表 1－2   **2015 年药品流通货运量区域分配**

2015 年药品流通总额：16974 亿元					
区域 （占总销售额百分比）	销售额 （亿元）	医药商业 （亿元）	药品商业物流 （件）	医药零售 （亿元）	药品零售物流 （件）
华北区域（19%）	3225.06	2418.80	151175000	806.27	115181429
东北区域（6%）	1018.44	763.83	47739375	254.61	36372857
华东区域（40%）	6789.60	5092.20	318262500	1697.40	242485714
中南区域（20%）	3394.80	2546.10	159131250	848.70	121242857
西南区域（12%）	2036.88	1527.66	95478750	509.22	72745714
西北区域（3%）	509.22	381.92	23870000	127.31	18187143
物流总货量（件）	合计		795656875		606215714

注：商务部药品销售六大区分类。华北地区：北京、天津、河北、山西、内蒙古。东北地区：辽宁、吉林、黑龙江。华东地区：上海、江苏、浙江、安徽、福建、江西、山东。中南地区：河南、湖北、湖南、广东、广西、海南。西南地区：重庆、四川、贵州、云南、西藏。西北地区：陕西、甘肃、青海、宁夏、新疆。

据此分析，2015 年中国药品流通经济货物总量约为 140187.26 万件货物，比 2014 年同期增长率为 19%，其中商业物流约为 79565.7 万件、零售物流约为 60621.6 万件货物。

三、医药物流技术快速发展并成熟

随着中国医药企业对物流投入的增大，以现代化、信息化为代表的物流技术设施设备在医药物流中心的运用越来越普遍。调研发现，在我国面积超 5000 平方米的医药库房内，WMS、电子标签、RF（射频）手持终端等系统及设备的使用已经普及，药品仓库管理呈现明显的无纸化、信息化趋势。在面积超过 20000 平方米的医药库房内，自动立体库、穿梭车、高速分拣机、瀑布式分拣装置、AGV（自动导引运输车）等设备也开始使用。

第二章 我国医药物流模式分析

第一节 我国医药物流供应链现状

根据食药总局统计办数据，截至 2015 年年底，我国有药品生产企业数量 7701 家，药品批发企业数量 16570 家，较 2014 年年底分别增加 121 家、3296 家。社会药店共计 438745 家，较 2014 年年底增加 3825 家；药品零售连锁企业门店增加 12034 家，药品零售企业减少 8209 家。

据统计，2015 年上半年全国七大类医药商品销售总额 8410 亿元，其中药品零售市场销售总额为 1682 亿元，增幅比去年同期略有下降。2015 年上半年药品流通直报企业（1200 家）主营业务收入 6581 亿元，批发类前百位企业上半年主营业务收入 4595 亿元，占全行业主营业务收入的 63%，其中 8 家超过 100 亿元。

一方面是我国生产企业、批发企业、各类药店数量居高不下，另一方面是医药批发、零售的集中度在不断提高。这给我国医药物流建设提出了规模化、现代化的需求，同时也提出了大型医药物流中心如何赢利的难题。

近年来，随着国家政策的推行，医药产业逐步打破过去传统的药品层级流通的模式，药品物流供应链扁平化的趋势越来越明显。

在传统的药品流通渠道中，药品从工业企业首先流向一级经销商（全国总代）处，接着流向二级经销商（各省总代）、三级经销商（省内区域二级代理商），最后流到零售终端（药店、医疗机构等）。如图 2-1 所示。

图 2-1　传统药品物流层级模式

自 2008 年普药快批业务兴起，部分药品取消了三级经销商这一环节，由二级经销商直接向药店、医疗机构、诊所等配送货品，但是层级代理的模式依然是传统药品流通渠道的主流。

随着国家政策如两票制的推行，以及现代物流技术的发展和大型现代医药物流中心的增加，越来越多的三级分销商将逐步消亡（在县域还有生存空间）。中国药品物流供应链的趋势是整合原有的一级、二级（甚至三级）经销商的角色，现代物流中心直接配往终端客户。如图 2-2 所示。

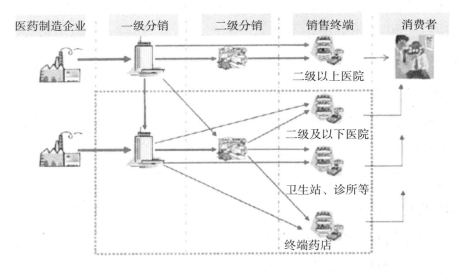

图 2-2　药品供应链整合趋势

注：虚线框内就是现代物流中心整合的趋势图。

根据调研，中国药品流通供应链最终模式如图 2 - 3 所示。

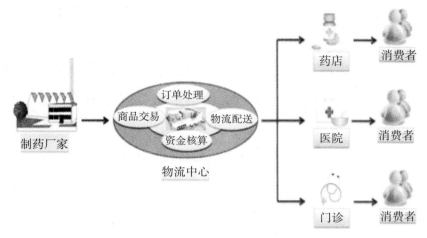

图 2 - 3　未来药品供应链

注：由上海通量信息科技有限公司调研并提供分析。

第二节　医药物流运输与配送模式分析

调研发现，我国医药物流从药品出厂开始到批发企业物流中心以及分销企业间的干线调拨，以公路干线货运为主、铁路与航空运输为辅；离开批发或零售物流中心到医疗终端、药店，则以企业自有车辆（存在挂靠车辆）配送为主，远距离则以航空为主；我国药品电商领域，尽管存在明确的政策红线，但各类快递仍是配送的主体。

运输和配送管理是现代医药批发和物流企业储运管理工作的重点，管理难度很大，其服务质量和物流成本的高低也直接关系到医药企业的经营效益。

一、医药物流运输与配送模式

为了满足客户药品订购需要，医药批发与物流企业开展干线、支线、市内送货与货款回收等服务。在本报告里，医药配送并不包括仓储物流部分，重点是指药品从出厂或出库，到终端医疗机构、零售终端的供应链过程。

按照我国药品物流供应链的特点，药品配送形式主要包括厂商发货的干线配送、医药商业物流之间的干线调拨配送、医药商业向零售机构发货的快批配送。

厂商干线配送：主要是指工业药企通过社会物流，向下游代理商如批发企业的送货过程。这一过程一般以公路干线配送为主，火车、航空配送为辅。目前，参与这一配送过程的社会物流企业有邮政、顺丰、民航速递等各类社会物流企业。

医药商业干线调拨配送：由于层级代理关系在我国医药市场长期存在，因此医药批发企业之间还存在货物销售和调拨销售。该业务以整批货物发运为主，公路运输为主，目前是各类社会物流企业提供药品的托运服务。

快批配送：主要是指医药商业企业向各类药店、城乡诊所等零售终端进行药品配送业务。此类业务由于拆零比很高、单件货值小，送货特征是多批次、小批量、单次送货客户数量多、以企业自有车辆送货为主。

近年来，随着药品电子商务交易的兴起，快递企业参与药品终端配送的比例不断提高，但是绝对额非常小。

目前，我国大部分医药批发企业还是以自我配送为主，在医药物流过程中医药配送并不仅仅只具有送货功能，还包括了多种有价值的商业功能在其中。

1. 终端配送

目前，按照我国医药流通业的发展特点和趋势，药企的终端配送已经不仅仅是一种货品的实物和所有权转移活动，而是一种实现销售的方式。

纯销、快配、调拨托运业务，都离不开运输。尤其是在讲究快速配送的商业批发环节，药企如果要想将当地区域做深、做透，就需要建立快速响应的终端配送网络。如果运输工作做得不到位：配送时效落后于主要竞争对手，配送范围明显较小，无法送货到遍布于城乡终端的药店、诊所、乡镇卫生院、单体药房等第三终端客户处，那么企业的销售规模就很难进一步做大，经营的现金流就会受到影响。因此，配送已经成为药企实现销售业务的重要方式。

2. 货款回收

根据有关统计数据显示，2015 年 179 家药品批发企业对医疗机构平均应收账款周转天数为 122 天，尤其是公立医疗机构的回款周期太长。因此，许多中小药企更加倾向于开展面向第三终端的如各类药店、私人诊所、单体药房的普药配送业务。但是，药企想做好终端快配市场的一个重要难点，就是货款回收工作。

药品终端市场客户，往往是由连锁药店、单体药房、乡镇卫生院、私人诊所、个人药房等客户构成，这些单位向医药公司订货除少数有一定的账期外，大多数是现金订货或者仅享受较短时期的延迟付款政策。根据调研，我国医药企业针对第三终端的许多现金收款任务是由随车配送员负责完成，因此货款的安全回收也成为配送部门的一项重要职能。

3. 增值服务

目前，我国医药企业配送工作已经包含了很多服务内容，如回程带货、同城配送（搭载第三方物流盈利项目）、广告宣传、资料发放、信息收集与调研等。尤其是随着现代医药物流中心数量的增多，越来越多的医药企业将配送部门从"成本中心"向"赢利中心"转变，开始从事一些可以创造效益的增值活动。

根据调研，带有营利性质的药企配送部往往利用深入城乡终端的运输网络大力拓展回程带货业务，或者面向同城的货物搭载项目，南京、上海就有优秀的医药企业运输部开展此项业务，并获得成功。对内，也有不少药企的配送部和市场部一起，为厂家提供新品促销宣传资料下终端的服务、提供精美的广告杂志直投服务、提供专项的信息搜集和调研服务等。如图2-4所示。

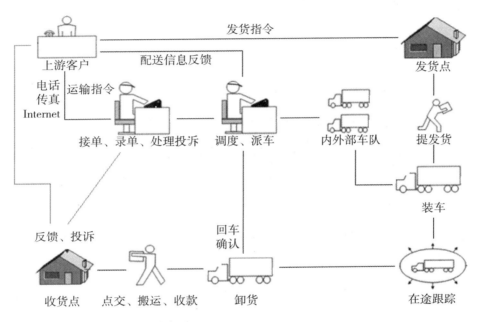

图2-4 医药物流终端配送模型

二、医药运输与配送管理难点与问题

中国医药企业物流水平发展不平衡，运输行业的发展也不成熟，药品作为特殊商品的配送管理工作难度更大，主要体现在以下几个方面。

1. 物流成本高

以最具代表性的药品流通直报企业为例，2015年上半年药品流通直报企业（1200 家）主营业务收入 6581 亿元，实现利润总额 108 亿元，平均利润率为 1.6%。2014 年，药品批发直报企业商品配送总额 9460 亿元，物流费用 103 亿元，约占商品配送总额的 1.08%。据不完全统计，我国还有部分以普药快批为主的医药企业，其企业物流总成本超过了企业含税销售额的 2%。

随着生产性要素成本的持续增长，降低成本、控制货损，是医药企业配送管理人员长期关注的问题。

2. 人员管理难度大

随着各区域规模药企的持续成长，企业自营的车辆越多，司机、配送员、辅助办公人员的数量随之增长，再加上配送人员往往年龄相差也很大，素质也高低不一，因此人员管理难度非常大。

尤其是药品配送业务，司机、配送员在送货过程中需要与货主、政府主管部门人员、驶载外协人员等打交道；需要处理货物、货款、票据等；需要面临各种突发的问题。因此，医药企业对配送人员的管理，一直是需要加强的方面。

许多药企早在 2008 年就开始尝试使用 GPS（卫星定位系统）、GIS（地理信息系统）等先进的信息化手段追踪车辆、货物、人员的状态；调研显示还有企业开始使用手机 App（应用程序）定位等信息化工具。

3. 服务水平还需提高

品种、价格、销售政策、服务，是决定医药企业客户忠诚度的四大因素，对客户而言配送服务水平的高低是最直接的感受。

据不完全统计，我国为医疗机构提供药品纯销配送服务的药企，超过 60% 实现了"同城地区一天两配"，即为所在城市的医疗机构提供不低于两次的补货配送服务。我国从事普药快批业务的药企，针对 150 千米半径内的客户，普遍实现了提供至少一周三次的"门到门"药品配送服务，对企业所在城市的药店客户达到一周配送五次的水平。但是，针对配送货损、货差等问题的投诉处理、单据丢失等问题的回馈服务，其水平还普遍较低。

对于医药企业自有配送体系而言，服务水平的提高重点在于增加送货班次、提高送货准确率、做好各类售后服务等工作。对于社会物流企业而言，主要体现在以下三个方面。

（1）建立符合 GSP 标准的质量和标准化物流操作体系。在送货的同时，要确保各类资质文件的传递和操作流程符合药品质量管理的要求。比如各类资质在正向与逆向物流过程中都应随货送达下各环节；再比如用冷藏车运输配送的，需要对车辆进行验证，车辆验证有：空载验证、满载验证、动态验证、静态验证、高温验证、低温验证、开关门验证等，并对所有的数据建档保存，冷藏箱同样需要做验证：高温验证、低温验证、动态验证等，同时对于冰排冷冻时间、释冷时间、冰排配置都需要经过多次验证才能确保冷链包装的合规。

（2）掌握符合特殊药品运输规定的资源，比如需要有厢式货车、冷藏车、随车温湿度监控系统、各类保温箱等。针对药品，还需要有各类加固包装、临时降温的设施设备等。针对各种突发性风险，还必须有预案和可调配的资源。

（3）提供更加全面的服务，比如为药企提供货款回收、资料下发、退货带回、在途监管等各类增值性的服务。

三、我国医药物流配送趋势分析

随着我国医药流通经济以每年两位数的速度增长，市场规模进一步扩大，医药物流运输配送将呈现如下发展趋势。

（1）随着新版 GSP 的实施，医药流通企业在软硬件投入上将大幅提高，主要在信息化投入、冷链软硬件投入、物流设备投入等方面，信息化、自动化程度进一步提高，逐步实现全品种全链条全程可视化、可追溯。预计厢式货车、全程温湿度监控系统、各类保温设备、各型号冷藏车的需求将明显增长。

（2）虽然我国几家行业领先药企基本建立了覆盖全国的医药物流网络，但是由于目前大型医药流通企业采取物流属地化管理，真正全网一体化运营的全国性医药物流体系并没有形成。因此，行业期待出现此类全国物流网络一体化运营的服务商，这给共建物流网络或大型社会物流单位提供了一个历史机遇。

（3）医药企业的内部服务市场化、客户服务意识等将觉醒，以服务需求为导向，通过各种手段逐步提升企业运输服务能力是长期趋势。

（4）物流社会化程度将逐步提高，专业的第三方医药物流运输配送会逐步得到各级主管与监管部门、药企使用者的认可；如冷藏品、医疗机械等特殊品类的规模效益将逐步显现。

（5）供应链协同将逐步被上下游企业关注，医药物流在供应链协同中会扮演更重要的角色，同时企业内部会更加关注物流成本和三方物流收益，通过各种方式降本增效。

第三节　药品第三方物流的发展

目前，国家药食总局层面尚未出台现代医药物流建设的标准和第三方医药物流认证的文件。但是自 2008 年开始，原国家药监局借修订新版 GSP 的契机，一直在做现代医药物流建设标准和第三方医药物流认证标准附录的征求意见工作。国家商务部于 2011 年正式发布了"十二五"药品流通行业规划纲要，该文件明确鼓励发展大型的、现代化的医药物流中心，算是给现代医药物流中心的建设给予了官方认可。

经过调研，目前我国实质性取得药监部门认可并为药企提供物流服务的第三方医药物流企业主要有两种主体形式。

一、现代药品物流

根据原国家药监局的规定，"具有药品现代物流服务能力的企业可以被授予药品三方物流经营资格"，因此现代物流建设是企业取得药品三方物流经营资格的前提。

尤其是近两年来，一方面，企业的物流服务能力成为衡量一个企业能否从事医院业务的标准；另一方面，随着国家新版GSP的出台和严格执行，医药企业在物流领域的投资规模将越来越大，物流资产和服务水平不但成为降低企业运作成本、提升核心竞争力的关键因素，也成为企业继续生存下去的必要条件。

目前，我国取得药品三方物流服务资格的企业还是以各地规模商业药企为主。根据调研统计，医药企业要取得现代物流或第三方医药物流试点企业的资格，不但要有面积超过15000平方米的仓库，还要有对药品出入库、在库管理、配送在途各环节进行有效温湿度监管的信息系统，药品在库操作更是要有自动分拣系统、WMS、自动立体库等现代物流软硬件设备。

根据调研和测算，建设一座支持年药品流通规模约为100亿元的大型现代物流中心，需要土地约为60亩，主要物流软硬件设备投入不低于2000万元，这对我国绝大部分医药企业而言是个不小的挑战。

二、社会物流

以中国邮政（收购医药公司）、顺丰、UPS（联合包裹速递服务公司）等为代表的传统物流企业，近年来也开始涉足药品三方物流领域。

2014 年，顺丰成立食品医药事业部，顺丰医药已开通广州—厦门—上海的医药冷运干线，辐射范围包括佛山、东莞、中山、深圳、惠州、漳州、泉州。

截至 2015 年年底，据不完全统计，纳入本报告的全国取得由省级药监部门核发的"开展第三方药品物流业务确认件"的药品现代物流、三方物流企业有 124 家，目前获得资质的，其中绝大部分本身就是合法的药品经营企业，而且是全国性或至少是区域龙头企业，另外还包含了 5 家社会物流企业，包括位于内蒙古、甘肃、宁夏的中国邮政，顺丰和 UPS 位于杭州的萧山国际机场航空物流公司。按照国家商务部的相关规划，社会物流介入药品三方物流服务领域因其能够有效整合社会物流资源而被得到鼓励和支持。但是，在我国目前的现行法规和药品流通格局下，社会物流企业良莠不齐，大部分社会物流企业因专业领域的不同，缺乏专业的药品质量管理人员。

当然，将社会物流资源纳入第三方医药物流领域是大势所趋。但是根据国家相关法规，企业要取得第三方医药物流资格，必须通过 GSP 验收，即要获得《药品经营许可证》。因此，如果不解决该问题，社会物流企业直接获得第三方医药物流试点资格，从国家法规层面而言是不符合政策的。

第四节　社会物流企业介入医药的模式

社会物流公司的配送网络比较全，尤其是在偏远地区更加有助于降低医药公司的配送成本，有效保障居民的用药需求。根据调研，社会物流企业为医药企业提供物流服务，常见的有如下业务形式。

一、仓储服务

没有获得药品三方物流资质的社会物流企业，普遍是以租库的形式为药企提供服务；获得药品三方物流资质的企业，主要针对医药流通企业、医药生产企业、高端食品生产或销售企业、化妆品生产或销售企业等，为其提供专业的仓储设施和场地，并配套提供货物堆存、管理、保养、维护、加工、发货等物流服务。

二、药品配送

社会物流企业本身并不购销商品，专门为药企提供货物的干线配送或终端配送服务。目前，在医药物流领域多为干线配送服务为主；在浙江、江苏等地，也有物流企业为药企提供"门到门"的终端配送，并取得了成功。

三、物流地产服务

即大型物流地产商通过购买、运营成熟的园区或库房，为医药企业提供标准化的工业物流库房，医药企业负责长期租赁和使用库房。这一模式的好处在于有助于帮助药企解决资金不足的问题，使药企实现轻资产化运作。

第五节　社会企业介入医药物流案例选编

——荣庆集团医药物流项目管理模式

一、企业简介

荣庆物流供应链有限公司（以下简称"荣庆物流"）成立于 1997 年，总部位于上海，是一家多元化发展的中外合资企业，注册资金 5 亿元。现已发展成为一家集冷链、普货、化工三大核心业务，分支机构 120 余家，运营服务网络覆盖全国 1500 多个城市，拥有 50 万平方米仓储资源，1500 余辆自有车辆，员工总数 5000 多名，年吞吐货量约 600 万吨的国家 "AAAAA" 级大型综合性物流企业。服务范围涵盖干线运输、终端配送、现代仓储、包装、供应链解决方案设计、驾驶员培训、汽配供应、汽车维修、保鲜冷藏箱生产、蔬菜食品冷藏加工等物流相关领域，是一家名副其实的物流产业链齐全的现代物流供应链企业。

荣庆物流通过了 ISO 9000（2008 年版）质量管理体系认证和欧洲 RSQAS 道路安全认证。2014 年和 2015 年，荣庆物流连续两年被中物联冷链委评选为 "中国冷链物流百强企业第一名"；2015 年，荣庆物流被中物联评为 "冷链物流五星级企业"；被中国食品工业协会评为 "中国食品物流 20 强企业第一名"；被中物联与标准委评为 "《食品冷链物流追溯管理要求》国家标准示范企业" "《药品冷链物流运作规范》国家标准试点企业"；被中物联冷链委评为 "中国冷链物流服务行业十大创新企业" "中国冷链十佳综合物流服务商"；被中物联医药分会评为 "2014—2015 中国医药物流行业优秀物流服务商"；被中国医药供应联盟评为 "医药电商物流最佳服务商"。

荣庆物流秉承 "专业、快速、安全" 的运营标准，绿色、健康、安全、可持续发展的物流理念，为客户提供低碳、环保、健康的综合物流供应链服务，致力于发展中国物流事业和提高人们的生活品质。

荣庆物流非常注重企业信息化建设，在各项经营、管理活动中均建立了强大的信息系统，推行全程透明化的冷链运作流程，可实现全程 GPS 运输导航、跟踪、车厢温度实时动态回传。标准化的操作流程，完善的运营监控和精益管理，持续的改善，让客户的货物得以安全、及时、准确的送达。

荣庆物流始终坚持 "客户至上、追求卓越" 的经营理念，超越客户的需求，通过优异的服务获得众多客户的信赖。

荣庆物流与临沂大学联合成立了山东荣庆冷链物流研究所，设立了临沂大学冷链物流科研基地，不断研究开发领先的冷链物流技术。

2015 年 9 月，荣庆物流与韩国 CJ（希杰）大韩通运签署部分股权转让协议，从而实现了强强联合，为公司进一步提升综合竞争力并走向国际市场奠定了坚实的基础。

二、医药物流项目管理运作模式

医药物流行业正处于起步阶段，发展规模小，市场混乱，第三方物流企业发展滞后。但是，医药物流未来的市场潜力很大，当务之急是提高行业的服务质量，推动行业规范化与标准化建设。荣庆物流在医药物流领域通过自己的实践，成为行业发展和标准化建设的先行者。

（一）荣庆物流医药项目介绍

荣庆物流于 2007 年开始运作第一个医药项目上海国药，随着冷链物流的发展和新版 GSP 的颁布，遂于 2013 年 8 月正式成立医药项目部，来统筹规划发展和管理医药项目业务。

目前，服务的客户有上海医药、中国医药、葛兰素史克、费森尤斯等 20 多家国内外知名医药企业，终端配送覆盖 3000 余家医院和药店，医药合作经销商近 500 家。

（二）项目架构

荣庆物流医药项目部组织架构如图 2－5 所示。

（三）运营操作流程（以 A 客户为案例）

荣庆物流的运营操作流程是以 IT（信息技术）系统为载体，与客户的业务流程形成无缝对接，具体的流程如图 2－6 所示。

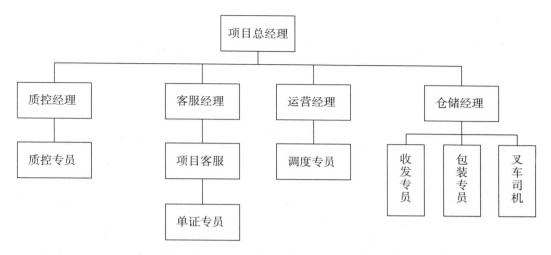

图 2-5 荣庆物流医药项目部组织架构

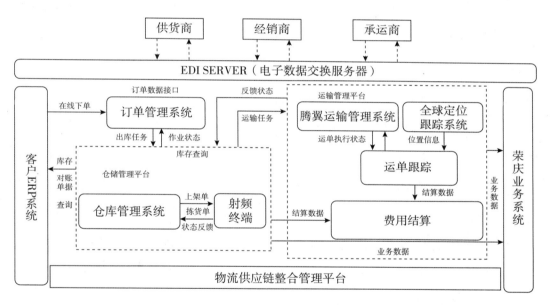

图 2-6 荣庆物流的运营操作流程

1. 提货

（1）客户提前一天通过邮件形式（附件：提货单）通知我司客服人员下单，我司安排车辆、人员和专线，于次日提货。特殊情况下，可于当天上午通知当天下午提货。

（2）去仓库提货人员必须携带发货清单到各个仓库提货。

（3）提货车辆必须做好出车检查，使用全封闭的厢式车。车辆要干净清洁，车厢没有异味、无积水。

（4）货物必须以托盘形式装车，并且需要用缠绕膜包裹以后再装车，严禁货物直接放置在车厢内，货物整体放置于托盘上，避免任何货物悬在托盘外的情况发生。

（5）整车运输货物必须以一横一竖形式装车，托盘标准为 80 厘米×120 厘米，100 厘米×120 厘米。每托货物间的间距空间必须使用填充物，将两托货物相互紧贴，使货物不会单独晃动，防止货物在运输途中由于剧烈晃动使托盘移动造成货物外箱挤压，对于容易破损和变形的货物应装在每托最上面，以"大不压小，重不压轻"原则来装货。

（6）整车运输严禁和其他货物混装。

（7）提货人员进入提货现场一定要遵守仓库有关现场规定作业。在提货人员与客户进行货单签收过程中，提货时点清数量以及注意货物外包装是否完好。发现货物有任何疑问的，可以要求现场人员当场查看。对有破损之类的商品，提货人员可要求换货（如相同品种缺货情况下，可在签单上注明实际提货数量）。承运商按提货单上实际数量提货，提货时不要拆二次包装货物。如果客户方不同意换货，我司可在提货单上标注外箱已有破损并标注破损数量。

2. 单据交接

（1）提货人员所提商品必须单、货相符，在客户的发货清单上签收。

（2）发货交接单一式三份，一份承运商现场人员签收完后仓库留存，另两份需随货带走，并在送货完成后一份留给客户，另一份签单将在送完货物两个工作日以内装箱返回上海，驻场人员在货单上注明装载具体托数、箱数。

（3）回单要在签收之日起两个月内返回 A 客户。

（4）回单是结算货款的凭证，回单应妥善保管，随身携带，不准将回单遗留在车上过夜，如果丢失回单将对此票业务进行罚款。

3. 运输要求

（1）厢式车必须配备足够的紧固件加固货物，加固时必须在外箱棱角处加保护块以免纸箱破损。

（2）在确认所需运输的货物后，对货物进行包装确保货物在运输途中无破损和遗失。

（3）到达客户指定目标地，按客户要求把货物就位摆放好。

4. 信息沟通

需要与客户及时沟通的方面有：商品在配送中发生的问题、承运商在配送中的问题、不能按时送达客户；单据、商品等的遗失。

以上异常情况承运商必须 2 小时内反馈给 A 客户项目部客服专员，坚决不可直接联系终端收货客户，并根据 A 客户的要求及时返回相关回单，做好破损退货等相关操作。承运商需每天提供商品跟踪信息，意外情况及时反馈沟通。

5. 送货

（1）按送货单地址送货；

（2）不得随意更改送货单位地址，若收货方客户需要更改，必须要客服接到 A 客户方面邮件指令时才能更改地址；

（3）货单和货物应同时与客户交接；

（4）保持送货单签收的干净整洁（签字、时间、盖章）；

（5）如客户签收实收数量，则以实收数量为准；

（6）签收时若商品有破损，需及时联系 A 客户，由 A 客户与收货方客户进行协调沟通。特别是以医院为最终客户的情况，送货人员必须先电话预约送货时间并且送货态度必须服从，帮客户把货物就位好。

6. 送货纠纷

（1）司机在送货时应态度友好，耐心。

（2）在送货期间如发生特殊情况（如客户刁难等），必须及时通知客服部，由客服部协调客户解决。

（3）如果客户拒收货品或发生争议，司机应立即与客服部联系，由客服部与客户进行协调，解决送货争议问题。

（4）任何送货司机不能和客户有任何冲突，一切不公的事情由客服部协调客户解决。

7. 货物跟踪

（1）货物每天 1 次跟踪，对于需当天送货的货物需及时跟踪司机，查看送货情况；

（2）长途车辆不得在同一地点停留 10 小时以上，及时监控。如有意外情况第一时间通知相关客服。

8. 退货要求

对于破损有异常货需统一退货，退货时需做出退货明细，认真核对退货件数，货物包装是否完好以及货物属性。

9. 结算操作

按月结算，每月月底由承运商制作上月结算运费账单供 A 客户核对。每月破损赔付明细由 A 客户方提供给承运商核对，客服专员需每天与客户进行账单核定。

10. 特殊项目要求

特殊货物就位时会用到大型工具产生的额外费用必须第一时间以邮件形式告知 A 客户方面。

三、项目管理核心要点

（一）运营设备检查验证体系

1. 运作车辆设备验证

测试包括车辆空载稳定性测试、满载稳定性测试、开关门测试、断电测试、极端天气测试以及温度计测试（年度校准）、GPS 跟踪系统测试。具体如图 2－7、图 2－8 所示。

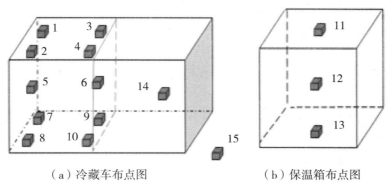

（a）冷藏车布点图　　　　　　（b）保温箱布点图

图 2－7　温度记录仪布点图

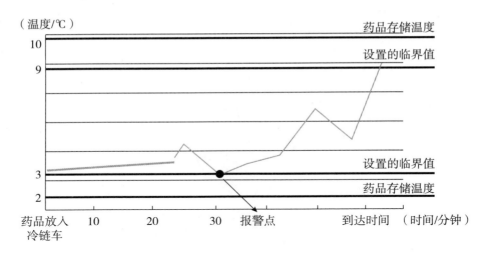

图 2 - 8　温度趋势实时跟踪记录情况

2. 冷藏包装箱的验证

恒温产品根据货品规格、尺寸、属性制作相匹配的冷藏包装箱，并对冷藏包装箱进行模拟极端天气验证（冬季、夏季、春秋季）。如图 2 - 9 所示。

（二）全过程的温度跟踪和时限管理

运输环境全程监控：温度、湿度、位置、速度及运输轨迹可追溯管理，荣庆物流拥有业内最先进的 GPS 实时监控系统（如图 2 - 10 所示），并配备了专门用于检测温度的便携式测温仪（如图 2 - 11 所示）。

（三）终端客户收货的直观温度体验

48 小时内记录累积温度超温时间，如图 2 - 12 和图 2 - 13 所示。

（四）项目管理——大客户服务模式

（1）专业的项目管理团队岗位配置齐全，职责明确；

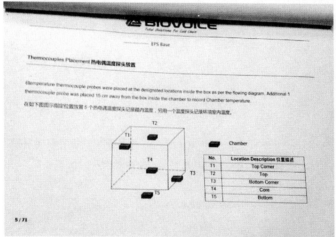

图 2-9　冷藏包装验证情况

（2）专门的客服人员从接受订单到回单签收，一单到底，一站式服务；

（3）与客户对接人员固定稳定；

（4）每日信息反馈及时准确；

（5）投诉处理响应快捷；

（6）项目启动流程规范。

图 2 – 10　运营监控中心及监控情况图示

图 2 – 11　便携式测温仪

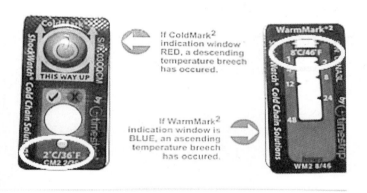

图 2 – 12　累积温度超温时间

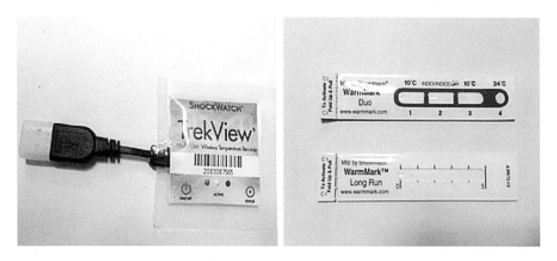

图 2 – 13　电子温度记录仪及试纸温度记录条

四、未来展望

如今，医药物流行业整体呈现快速增长的态势，荣庆物流正在全力以赴参与进来，希望在医药物流整个细分行业的发展过程中承担更重要的角色。

我们将建立一流的医药物流服务体系，专业的医药温控运输体系，致力于成为最优秀的中国第三方医药物流服务商，一方面为改善我国药品储运条件，推动医药医疗器械事业发展和全民用药安全，做出自己积极的贡献；另一方面我们还要持续推动收入利润同步增长，在医药领域获取更多的市场份额，成为医药物流行业的领跑者。

第三章　我国医药物流（健康）产业园及仓储分析

第一节　医药物流（健康）产业园概况

据刚刚结束的第四次全国物流园区调查结果显示，我国现有物流园区（基地）为1210个，与三年前相比增加了60%；已投入运营的园区857家，比三年前净增1.5倍。物流园区在提高物流服务效率、促进产业结构调整、转变经济发展方式、服务国家发展战略等方面发挥着越来越重要的作用。

2013年9月，国家发展改革委等12个部门出台我国第一个物流园区专项规划——《全国物流园区发展规划》；2014年9月，国务院发布《物流业发展中长期规划》，把"物流园区工程"列入12项重点工程；2015年5月，国家发展改革委、国土资源部、住房和城乡建设部联合发出《关于开展物流园区示范工作的通知》，委托中国物流与采购联合会具体组织评选工作。交通运输部把物流园区作为重点支持对象，鼓励依托港口、机场、大型铁路枢纽场站建设现代物流园区。

物流（健康）产业园是指涵盖中西药品、医疗器械、保健食品、绿色食品、中药材、日化品等专业药品、食品贸易物流平台，同时集医药大健康产品研发、产品交易、仓储物流、专业培训、总部基地、医药会展等于一体，综合运用云计算、物联网、GPS（全球定位系统）、通信网络技术等手段打造的公共信息物流枢纽综合体。目前，国内已建成多家医药健康产业园，如IHC健康城、上海张江药谷、云南昊邦医药健康产业园等。尤其是健康产业的巨大发展潜力，还有很多知名的地产商纷纷介入医药物流健康产业园领域。

一、物流（健康）产业园运营基本原则

（一）坚持产业特色集聚发展的原则

发挥区域和产业优势，吸引医药、生物制品、保健品、器械以及配套产业的企业与健康产业园合作或吸引其开展业务；吸引周边城市医药商业企业及零售企业入园；吸引个人代理或异地厂家在园区内设立办事处或仓库；建成综合性的大健康产业交易园。

（二）坚持行业开放和投资开放的原则

通过改善园区内投资和服务环境，吸引更多的关联行业企业入驻园区，如保健品、食品、医药耗材、化妆品、医药器械、设备等行业企业都可以入驻；吸引专业的物流货运企业入驻园区，既提升园区的商业价值，也可以完善服务条件；与专业的商业地产运营公司或其他资本方合作，降低资本压力。

（三）坚持方向的概念性把握与落实项目相结合的原则

物流健康产业园，是以医药物流、大健康为建设主体，因此在对外招商、资金运作、政策扶持上可能与普通物流园相比有较大的差异，因此必须把握好园区筹建的方向与概念。应该与政府保持良好沟通，争取获得政府支持、政策优惠。同时，前期各项筹建工作必须落脚在招商引资以及平

台和企业项目的发展上，配置一切优势资源，组织最优秀的招商队伍，全员建立招商引资的观念。

（四）坚持统筹规划，分步实施的原则

一方面，企业在规划实施时要充分预见到未来可能的产业发展趋势和方向，为自身健康产业的发展预留广阔空间；另一方面，要结合产业园实际情况，将整合周边地区医药商业资源与公司自有业务做大、抢占医疗机构市场相结合，在各类夹缝业务生存发展的同时积极推动有关条件的成熟，分步建设现代医药物流仓库和健康产业园的其他内容，推进产业的发展。

二、物流（健康）产业园发展现状

近年来，随着我国物流园区建设进程加快和功能定位的细分化，物流地产商、医药企业纷纷试水医药物流园及健康产业园的建设开发，据不完全统计，目前涉及医药的健康产业园将近百家，涉及了生物医药、医药物流、中药材、医疗器械、民族医药等多个方面。如表 3-1 和图 3-1 所示。

表 3-1　　　　　　全国部分省份医药产业园数量占比统计

省份	湖北	四川	山东	江苏	天津	河南	云南	北京
医药产业园比例	13.6%	10.2%	10.2%	10.2%	5.1%	5.1%	5.1%	3.4%
省份	山西	河北	湖南	广东	安徽	吉林	重庆	黑龙江
医药产业园比例	3.4%	3.4%	3.4%	3.4%	3.4%	1.7%	1.7%	1.7%
省份	上海	厦门	江西	广西	甘肃	宁夏	贵州	福建
医药产业园比例	1.7%	1.7%	1.7%	1.7%	1.7%	1.7%	1.7%	1.7%

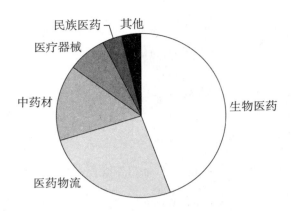

图 3 - 1　全国部分医药产业园类型分布

从地域分布来看，医药产业园主要聚集在湖北、四川、山东、江苏等地，这与地区经济、医药行业发展水平、产业布局相一致。

从类型分布来看，目前大部分医药产业园以发展生物医药或医药物流产业为主，在一些中药材集中的产地，也出现了以中药材交易、物流为核心的产业园区，部分产业园还涉及医疗器械产业、药品冷链，间或民族医药、高科技保健、特色医疗服务等，与当地产业的规划建设息息相关。

发展医药产业园，经济环境是首要条件，除此之外，还需要良好的市场环境、完善的基础设施以及政府的大力支持，根据调研数据发现，大部分医药产业园或是由当地龙头企业和政府合作推动发展，或是直接由政府扶持而成，并根据其市场领域划分确定核心产业，如湖北的中联药业中医药产业园，山东的青岛蓝色生物医药产业园，在促进产业发展的同时，优化产业结构，进一步提升产业层次水平，拓展其发展空间，并带动当地经济高速发展，可谓是一举两得。

三、物流（健康）产业园发展趋势

（一）创造产业联动效应，打造健康服务品牌

医药物流（健康）产业园集药用植物生产与加工、种植与研发、销售与

旅游于一体，在推动农村产业结构优化升级上有着较好的示范带动效应。可以利用园区优势，发展药用植物规模种植，建立中药材产业基地。利用中药材种植产业优势引进有实力的医药公司和药品生产企业投资泡制、饮片及医疗器械的加工生产，打造药用植物科技产业化的孵化器。同时依托药业产业，将大力发展药用植物休闲观光、交易市场、健康产业文化论坛等项目。

（二）发挥地域优势，推动旅游产业升级

健康产业园项目可依托所在地区文化产业，规划建设标准化、国际化，高起点、高品位的，集生态文化旅游、休闲、养生、康复、保健、药膳等众多文化内涵、特色鲜明的大健康养生旅游基地以医药养生、解除旅游疲劳为主题，观赏、体验为补充的旅游服务。拉动健康旅游业发展，加速资金回笼，减轻投资压力。

（三）加强园区基础建设，形成物流产业集聚

医药物流（健康）产业园通过合理的选址与内部规划，综合各种物流方式和物流形态的作用，可以全面处理储存、包装、装卸、流通加工、配送等作业方式以及不同作业方式之间的相互转换，同时提供第三方医药物流服务，吸引医药企业进驻，形成产业集聚，整合社会资源，拉动地区经济增长。

第二节 我国医药物流仓库建设现状

目前，根据行业平均增长率，经调研和不完全统计与分析，华北区域药品销售额约占总销售额的 19%，华北区各类药企在用的平均单家库房面积约为 1417 平方米；东北区域药品销售额约占总销售额的 6%，东北区各

类药企在用的平均单家库房面积约为 597 平方米；华东区域药品销售额约占总销售额的 40%，华东区各类药企在用的平均单家库房面积约为 1772 平方米；中南区域药品销售额约占总销售额的 20%，中南区各类药企在用的平均单家库房面积约为 573 平方米；西南区域药品销售额约占总销售额的 12%，西南区各类药企在用的平均单家库房面积约为 620 平方米；西北区域药品销售额约占总销售额的 3%，西北区各类药企在用的平均单家库房面积约为 441 平方米。目前，国内医药企业的库房平均每平方米的年产值约为 16.5 万元。

表 3 - 2　　　　　　2015 年中国医药物流区域库房面积和每平方米产值

2015 年药品流通总额：16974 亿元				
区域 （占总销售额百分比）	销售额 （亿元）	在用库房面积 （平方米）	平均单家库房面积 （平方米）	每平方米库房产值 （元）
华北区域（19%）	3225.06	1924287	1417	167598
东北区域（6%）	1018.44	540361	597	188474
华东区域（40%）	6789.6	4027179	1772	168594
中南区域（20%）	3394.8	2120030	573	160130
西南区域（12%）	2036.88	1270750	620	160290
西北区域（3%）	509.22	378524	441	134528
合计	16974	10261131		165420

注：本表调研分析的对象是国内所有医药流通企业，单家库房面积和单平方米产值是所有企业的平均数。

按照物流特点和企业规模，我国医药商业企业的物流仓库在建设模式主要分为工业型物流中心、医院纯销和分销调拨型物流中心、普药快批型物流中心 3 类。

（一）工业型物流中心

工业型物流中心主要是指以工业制药企业自建的大型药品物流中心，

其中以修正药业、扬子江药业、亚宝药业、神威药业等为代表。

工业型物流中心，存货形式多以大批量的整托盘货物为主，普遍使用自动立体库或高位金属货架，物流进出库以批量作业为主，发货量大。根据调研，我国制药百强企业大部分已经使用了自动立体库。目前，也有部分规模工业药企自建药品商业物流中心，试图打造自有的覆盖全国的药品流通网络。

根据 2014 年中国制药工业百强排行榜，我国制药工业物流的聚集省份主要是山东、江苏、浙江、上海、北京、广东、河北七省市。如图 3 - 2 所示。

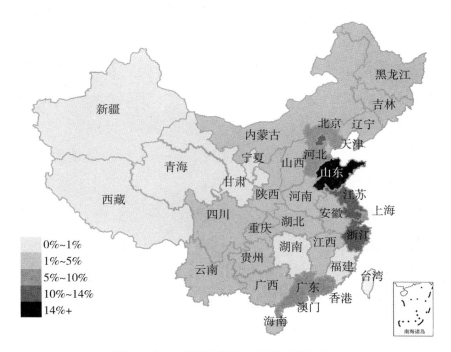

图 3 - 2　中国制药工业物流区域分布
注：数据来自上海通量信息科技有限公司分析。

（二）医院纯销和分销调拨型物流中心

目前，我国主流商业企业尤其是医药商业百强排行榜的前五十位企业，主要以公立医院纯销和优势代理品种的分销调拨业务为主，其合计仓储面积在 500 万平方米左右。

经过调研，以大医院纯销业务为主的企业多为国有企业，其库内作业的单件货物平均货值在 2300～2900 元/件（许多大医院纯销业务单件货值更高，此为行业平均值）；库内经营总药品品规数一般在 5500～6500 个；药品剂型相对齐全，包括毒麻精放类、中药材、蛋白同化制剂等。以大医院纯销为主的企业库房需求相对不大，年销售额 20 亿元的库房实际需求在 6000 平方米左右。

经过调研，以分销调拨业务为主的企业主要是各地区域龙头企业，其物流作业特点是拆零比例相对较少，单品种货物量大，以整件为主，平均单件出库货值约为 1400～1600 元/件，充分体现了物流作业批量货物快进快出的特点。此类企业经营品规数一般多于纯销类企业，少于快批类企业，库内药品总品规数极少超过 8000 个。但经营剂型比较齐全，除了有特殊资质要求的毒麻精放类，一般的中药材、冷藏品等都有经营。

根据调研，以分销调拨为主的企业库房需求适中，年销售额 20 亿元的企业，库房实际需求在 10000 平方米左右。

经过调研，此类药企由于普遍规模较大、资金充裕，多以自建物流中心为主。部分行业领先企业如中国医药集团、华润医药、上海医药、九州通医药等基本建立了覆盖全国的多级药品物流配送网络。部分领先药企，如南京医药、中国医药健康产业股份有限公司、科伦医贸等也在各地建设物流中心，以省为单位进行深耕细作。

经过不完全统计，此类物流中心的建设规格与企业的发展预期直接相关。如中国医药、华润医药、上海医药、九州通医药等企业的核心节点，新建的物流中心普遍具有自动立体库和拆零分拣系统，以自用为主，许多物流中心单库房支持的年药品流通规模超过了 50 亿元。

部分民营药企建设的物流中心，普遍使用高位金属货架、重点配置自动拆零分拣系统，物流库房面积大多在 15000～20000 平方米，许多物流中心单库房支持的年药品流通规模在 30 亿～50 亿元。

（三）普药快批型物流中心

统计数据显示，批发类前百位企业 2015 年上半年主营业务收入 4595 亿元，占全行业主营业务收入的 63%，其中 8 家超过 100 亿元。从我国药企绝对数量分析，上万家各类医药批发企业分担了剩下的约 40% 的药品销售份额，这些企业以 OTC 代理、普药快批销售为主，是中国药品零售终端物流配送的主要承担者。

普药快批业务是国内众多成长型医药批发企业的主要业态，绝大部分此类药企的年流通规模在 3 亿～5 亿元。经过不完全调研和分析，普药快批类药企的物流中心库房平均单件出库货值只有 700 元/件。

通过调研发现，普药快批型医药物流中心重点要解决的是货品的拆零和复核作业效率与准确率问题，尤其是随着药品电子监管码扫码工作的普及，拆零作业越来越成为库内物流的瓶颈环节（在政策篇章另作详细介绍）。调研发现，新建的普药快批型药品物流中心支持的年药品流通规模一般在 30 亿元以内，面积一般在 15000～20000 平方米。

第三节　我国医药物流仓库运营模式分析

现代医药物流中心资产性投入巨大是一个显著特征，尤其是库房的合理运营，更是关系到医药企业的生存。调研分析，我国医药企业物流库房目前主要存在自营和委托配送两种模式，联盟模式尚在发展过程中。

从方向上看，委托配送是中小药企从事现代物流建设以后必须拓展的业务领域。

一、我国医药物流仓库运营模式

（一）自营模式

自营模式主要针对有一定实力的规模型医药企业，自建物流中心，构建企业自身的医药物流配送网络。自建物流中心对企业自身来说，需投入大量财力、物力、人力，资金压力大且投资回收期较长。自建物流中心区域限制性十分明显，除超大型医药企业外，多数医药企业无法大规模在全国范围内自建物流配送中心，而这恰恰符合中国药品公司众多且区域性较强的特点。通过调研来看，自营模式是中国医药物流仓库运营的主流模式。目前国内绝大多数医药企业，或租或建库房，都是选择以自营为主。

医药流通百强榜内的绝大部分药企都选择了自营物流模式，也有部分企业将物流业务与采销业务剥离，自负盈亏、独立经营，实现了集团内部服务市场化。

（二）委托配送模式

委托配送是指业主药企将仓储物流业务以合同约定的方式委托给专业的第三方医药物流商运营和管理。第三方医药物流服务商负责委托方货品的入库、在库管理、发货与打包作业，极少数还负责货品的"门到门"配送服务。该模式的本质是一种物流外包服务，优势在于对于业主药企而言降低资产性投入的同时也降低了管理风险，可以将更多的精力投入到货品采购与销售的核心业务中。

根据原国家药监局2005年有关文件的指导精神和目前各省实际实行的文件来看，委托配送业务只能由获得了药品三方物流资质的企业开展。该业务的专业性要求强、软硬件设施设备要求高、市场准入门槛较高；但是确实有利于整合社会资源，提高行业物流效率，降低物流成本，提高中小药企的竞争力。

（三）联盟模式

指一些相对独立的物流公司、医药公司、基金公司、专业咨询公司等，面对市场机会，通过技术连接、资源共享，结成供应链管理联盟。国内目前最大的医药物流联盟就是于 2014 年 12 月在广州成立的全国药品三方物流联盟，该联盟目前由亚宝药业、振东制药、科盟医药、昊邦医药、鑫源堂医药、淮安九洲医药、上海通量信息科技、星鸿资本、华程资本、点通冷藏物流、中康福医药集团等近 30 家企业组成，囊括了医药工业、商业、物流服务商、物流科技商、地产基金等产业角色。该联盟以"共享物流库房、共享客户资源、实现联盟内部物流标准化作业"为特征，极力打造覆盖全国的药品物流网络，并为社会提供物流金融、物流科技集成、物流地产服务。

二、发展医药现代物流应避免的误区

（一）医药现代物流不只是建立大型的医药物流中心

在区域经济分析基础上建立的医药物流中心是有效整合医药产品流通过程中的资源的一个关键手段，但是盲目和重复的建设将使物流中心很难达到规模化的效果，反而会带来医药供应链成本的上升，整体效益的下降，这是因为专业的医药物流中心的建设往往需要投入大量的资金和专业设施。

调研发现，目前我国已经在用的两百多家大型医药物流中心，有近60％面临库存使用率不高的问题。

（二）医药现代物流需要选择性使用高新物流技术

使用先进的物流技术如自动立体库技术、射频识别（RFID）技术、电子标签拣选技术等能更好地促进医药高端物流的发展，但是盲目的使用必将会带来供应链成本上涨的压力，在是否应用先进物流技术时必须对决策进行经济效益分析。

调研发现，年销售规模在 5 亿元以下的药企，不适合建设面积超过 15000 平方米的大型药品物流中心。

（三）现代医药物流并不是企业物流业务的简单外包

现代医药物流服务提供商除了提供基本的物流服务如仓储服务、配送服务等外，还必须提供基于医药供应链，为供应链成员提供专业的医药物流方案的咨询和实施服务，比如新品种的推广、订单的质押与融资、各类退货业务的逆向物流服务等。

因此，无论是服务商还是被服务商，都不能将现代医药物流简单理解为物流业务的外包。

第四节　我国医药物流仓库工程建设

经过调研，我国医药物流中心库房土地性质多为仓储用地、工业用地、商业用地三类。根据有关法规，医药物流仓储在消防防火等级上应该属于丙类二级；部分项目将物流库房申报为加工厂房。

目前，国内新建的医药物流中心药品仓库主要分为两种类型：

单层砖混钢架结构，轻钢屋面建筑，层高 11 米甚至更高，柱距以 9 米×6 米为主。此类库房多为平层建筑，单层面积大、物流作业便利性很好；施工周期短、造价低，但是空间利用率也很低。

多层砖混框架结构，楼层库房，大多数为 4～5 层建筑，单层高度在 4.5～5.5 米。此类库房造价相对高、建设周期长，但是占地面积小，融资效益好。

上海通量信息科技有限公司统计和分析了我国目前已公布药品现代物流暂行标准的各省政策，大多数省份要求药品现代物流中心库房面积不低于 15000 平方米，必须配置有一定货位数量的高位金属货架或自动立体仓库。因此，最适合我国民营药企的药品物流中心应为局部框架结构和钢架结构的组合体；地面可以选用金刚砂地面或环氧树脂地面。

经过统计，我国药品物流中心建设时，库内功能区主要分为储运办公室、验收室、养护室、验收区、待运区、拆零库、高位货架库、不合格品库以及配电间、物料工具间及库外的空调机房、发电机房、上卸货平台、车辆周转区等；从货品属性的角度，库内存储区可以分为常温库、阴凉库、冷藏库、中药库以及其他剂型库区。

药品仓库内可以单独立项采购的主要建设内容，如表 3 - 3 所示。

表 3 - 3　　　　　　　　仓库建设工程独立采购项目一览表

序号	建设内容	备注
1	强电部分	—
2	弱电与网络部分	—
3	冷库建设部分	—
4	照明系统	—
5	中央空调设计与施工	—
6	消防系统设计与施工	—
7	防火门系统	—
8	墙面粉刷施工	超大型仓库应招标
9	配电建设部分	—

第五节　医药健康产业园案例选编

——金隅高新产业园医药物流项目案例

一、产业园简介

金隅高新产业园为北京金隅股份有限公司倾力打造的产业园项目之一，位于北京市大兴区黄村镇大庄东，南六环与京开高速交会点——双源桥的东南角，地处北京电子商务中心核心区，毗邻大兴生物医药基地，距首都新机场15千米，距北京南站23千米，距黄村火车站4千米。项目建设用地规模为16万平方米，总建筑面积约为31万平方米，用地性质为物流用地，容积率1.8。产业园分三期建设，其中：一期建筑面积约为12万平方米；二期建筑面积约为11万平方米；三期建筑面积约为8万平方米，主要业务方向为医药物流服务。

产业园依托区域、资源优势，以首都产业定位为指导方向，充分整合和利用行业资源，以电子商务和健康产业为重点服务对象，旨在为入园企业提供集商品交易、现代仓储、信息交流、流通加工与配送、供应链金融、信用评估等的全产业链服务，发挥金隅品牌影响力，建设集物流、商流、信息流、资金流为一体的多功能现代化产业园区。

二、医药物流中心项目情况

1. 全新的合作模式——高标准、定制化

产业园三期工程定位为医药物流项目，拟为某大型国有控股医药经营

企业定制化建设现代医药物流中心，项目根据医药流通行业要求，严格按照国家新版《药品经营质量管理规范》《北京市药品批发企业现代物流技术指南》和《北京市药品批发企业冷链物流技术指南》进行规划设计，满足医药、医疗器械、医药第三方物流、医药冷链物流服务要求。项目总占地规模为 29000 平方米，总建筑面积达 50000 平方米，可实现年营业额 300 亿元。

项目包含两栋医药物流中心及一栋综合配套设施，其中一栋物流中心总建筑面积约 23580 平方米，分为立体库和四层楼库两部分；另一栋物流中心总建筑面积约 21730 平方米，为四层楼库。楼库部分采用钢筋混凝土框架结构，单层承重 2 吨/平方米以上，层高 7 米左右；立体库部分采用钢结构，承重 8 吨/平方米，层高达 24 米。建筑耐火等级为一级，屋面防水等级为 I 级，抗震设防烈度为 8 度，结构安全等级为二级，设计使用年限达 50 年。

2. 全方位的服务——环保节能、生产生活

综合新版 GSP 对药品库房温湿度及环境的要求，在基础硬件设施方面，项目建设工程秉承"节能、低碳、环保"的设计原则，墙体工程采用厚度为 250 毫米的加气混凝土保温砌块；外墙采用高级弹性防水涂料，无毒、耐热抗冻性强；库内地面采用耐磨固化剂地坪，耐磨、抗老化、耐腐蚀、环保、安全；操作区采用 LED（发光二极管）高效节能灯；采用预作用喷淋系统，符合国家消防规范要求。

此外，产业园的办公、餐饮、公寓及停车场所等配套设施完备，可提供公共区域维护、园林绿化养护、24 小时无盲点监控及保安执勤等服务管理，为医药物流中心运营提供高品质的后勤保障。

3. 高质量的设施设备——双路供电、地源热泵

建成后的物流中心将配备自动化立体库系统、电子标签拣选系统、无线射频拣选系统、复核打包系统、高速自动分拣系统、自动输送系统、冷库系统等自动化设备系统，并由专业高效的信息系统监控管理，实现药品入库、存储、拣选、配送各环节的自动化作业。为保证物流中心持续稳定运营，产业园可提供双回路供电，供电负荷等级为二级，各物流中心内独立设置配电间。此外，园区配有绿色高效的地源热泵系统，可为全区域提供冷、热源供给。

借助金隅集团成熟的项目建设管理经验，企业可实现低成本、高质量运营。

三、案例价值

该医药物流项目将成为客户打造全国医药物流网络的重要枢纽，与企业在北京市内现有的其他物流设施形成协同联动的模式，构建企业辐射华北的北京物流总部基地。此外，项目将成为金隅高新产业园仓配物流功能体系的亮点项目，为产业园更好地服务医药、医疗器械经营企业积累宝贵经验。

建成后的医药物流中心将成为医药流通领域新的标杆型项目，推动医药行业物流信息化水平和管理水平的进一步提升。

第四章　药品零售物流发展态势

第一节　我国药品零售物流现状

2014 年，我国有药品零售连锁企业 3570 家、下辖门店 15.82 万家，零售单体药店 27.44 万家，零售药店门店总数达 43.26 万家；我国药品零售市场 3004 亿元。

2015 年，药品零售市场总体呈现增长态势，但随着国家宏观经济增长放缓，零售企业经营成本上升，医保控费日趋严格，加之基层医疗机构用药水平持续提升和药品零加成政策的推广在短期内挤占零售药店市场空间等原因，使得药店业务增长空间收窄。据商务部统计，2015 年上半年我国药品零售市场销售总额为 1682 亿元，扣除不可比因素比上年同期增长 8.7%，增幅回落 0.3 个百分点。

根据相关调研数据和统计报告，我国医药零售的连锁率还非常低，市场集中度不高。根据 2014 年的数据显示，我国前十名的医药零售连锁药店的销售总额仅为 4555979 万元（约为 455.6 亿元）人民币，占零售销售总额的 15.2%；2014 年前 100 位药品零售企业销售额占零售市场总额的 28.1%；零售百强企业的入门销售额为 12422 万元（约为 1.24 亿元）人民币。虽然我国药品零售连锁率连续三年提升，龙头企业呈现强者愈强态势，但行业整体结构未有明显改变。

销售规模普遍偏小，就意味着物流成本占销售额的比率较高，企业很难投入大量的现金流进行现代医药物流建设。

一、物流成本压力大

调研发现，医药零售企业过去以租库为主，自建物流库房面临资金一次性投入较大的难题。如土地购置成本，修建库房所涉及的建筑成本，货架、叉车、分拣系统等设备成本，中央空调、消防系统、强弱电建设等配套成本，WMS 仓储软件、ERP 系统软件等计算机软件成本，给药店经营企业带来的压力是不小的。随着零售连锁企业经营规模的扩大，药店自营物流体系的运营成本也明显大增，调研显示物流运营成本中持续增长的就是人工成本。据不完全统计，医药零售企业的物流成本中，仓库与运输的人工成本占物流总成本比例达 60% ~ 70%。

调研显示，对于百强排行榜以外的中小型连锁和单体药店而言，要修建与其经营规模相适应的药品仓库，其资金投入方面虽比大型连锁物流中心小，但是总投入费用也是不容小觑的。因此，部分中小型零售连锁药企和单体药店面临"关、停、并、转"的局面。

二、物流将成为连锁药店发展竞争力之一

对少数实力雄厚的全国性、区域性药品零售连锁来说，在药品流通运转的过程中，能够转移自建物流体系所带来的成本压力，但对于目前活跃于区域市场的中小型连锁或单体药店来说，物流成本就成了制约企业生存、发展所需要面临的重大问题之一。

对于中小连锁或是单体药店来说，委托储存、配送是转移物流成本压

力的最简单的方法。目前，第三方医药物流企业可以满足中小连锁药店及单体药店的物流需求，但考虑到交易信息保密的问题，此模式还未被大多数中小型连锁和单体药店接受。

目前，我国单体药店数量占零售药店总数的近 2/3，为转移 GSP 认证带来的物流压力，单体药店选择加盟连锁药店的趋势在增强。一轮加盟兼并潮过后，连锁之间的竞争将升级为采购成本和物流成本的高低较量。因此，物流运营的竞争力也将成为连锁药店发展的核心竞争力之一。

第二节　我国药品零售企业物流现状

调研发现，我国除了零售百强排名靠前的企业，也有部分区域性龙头零售药企，多年来保持多业态齐头并进的策略，拥有业内较为领先的现代医药物流中心，代表性药企如北京金象大药房连锁有限公司拥有现代化医药物流中心 49000 平方米；云南昊邦大药房拥有集团所属的现代医药物流中心 45000 平方米；湖南千金大药房连锁有限公司拥有现代化医药物流中心 18000 平方米；湖南恒康药品零售有限公司拥有现代化医药物流中心 46620 平方米等。

目前，我国医药零售连锁为达到新版 GSP 认证标准，总部药库和各药店纷纷在针对认证进行升级改造。部分区域型规模药企抓住这一时机，建设和筹建现代医药物流中心，面积从 5000 平方米至 15000 平方米不等。如常州恒泰医药连锁有限公司、西安怡康医药连锁有限公司、淮安广济药房连锁有限公司、山西亚宝医药连锁有限公司等分别在筹建自身的现代医药物流中心。

根据行业调研，我国零售连锁药店自营门店数量小于 100 家的连锁药企，大多以租赁库房为主，库房面积普遍较小、管理较落后；大多数没有使用 WMS 仓储管理系统，还是以传统的 ERP 业务系统下单、人工纸单拣选为主，差错率较高、人员劳动强度大。

目前国内医药零售百强排行榜的零售药企，自营门店数量大约在 200 家以内的，此类企业从 2012 年开始逐步尝试租赁改造或自建物流中心，面积大多在 5000~10000 平方米。自营门店数量在 200 家以上的零售药企，其库房需求面积一般要超过 10000 平方米。

另外，我国连锁药店货品配送以自配为主，多使用厢式货车为主；也有部分加盟性质的药店或特殊药品向周边商业药企采购，由批发企业配送。我国单体药店货品，基本是由周边商业药企提供一周三次的配送服务。

第三节　我国药品零售物流发展趋势

一、物流建设会提速

2015 年，如药品零售企业益丰大药房、老百姓大药房的成功上市，预示着通过资本市场实现药品流通企业跨越式发展的良好前景。调研发现，我国规模型零售连锁药企加快了资本化的步伐，部分药企选择进入主板或新三板等多层次的资本市场。资本的介入，意味着零售连锁药店将进一步加大并购和物流建设力度。

尤其是随着新版 GSP 文件的执行和飞行检查力度的加大，主动和被动建设现代医药物流中心的零售连锁药企增多。当然，企业在进行医药物流建设的时候会结合业务发展采取更加灵活的分步投资策略，重点投资以拆零为代表的自动分拣系统和仓储管理系统，以满足业务需求为主。

二、经营模式有变化

随着国家新医改各项政策的落实以及电子商务的兴起，传统的零售药店、大卖场等受到了冲击。越来越多的药店开始尝试"国医馆""中医馆""前店后诊"等经营形式；越来越多的药店开始加大了对会员数据的分析和使用；越来越多的药店开通了网络药店、手机 App（应用程序）订药等多种电商渠道。

另外，中小医药企业组建联盟式医药集团参与市场竞争将是趋势。如 2015 年 7 月 28 日，四川药店联盟在原有的会员单位的基础上成功组建四川省川联企业管理有限公司，用股份化参与、公司化运作来加强联盟凝聚力、向心力，各成员单位集中资源，充分发挥联盟的品种采购优势。

三、信息化升级很迫切

随着生产性要素成本的增加，我国的人工成本会持续增长。因此，解决作业速度和准确度的物流信息化手段是每个成长型药企必须要面临的挑战。

目前，我国大多数医药零售物流中心在管理和运营方面，缺乏精细化管理手段和满足第三方物流业务的专业软件。尤其是随着电商业务的拓展，货品的拆零比例会进一步增加，单件货值还会降低。因此，针对拆零药品的自动分拣系统和电子标签辅助拣选系统（DPS）、整零都可用的 RF 手持终端、支持精细管理和第三方物流计费的 WMS（仓库管理系统），都是医药零售物流中心急需升级的。

规模药企使用上述信息化设备，不但可以极大地提高作业效率和准确率，也可以有效地调整仓储人员结构，进而降低人工成本。

第五章　特殊品类物流

按销售品类分类，在 2014 年的行业统计中，我国药品类销售居医药市场销售额的主导地位，销售额占七大类医药商品销售总额的 73.8%；其次为中成药类占 14.6%，中药材类占 4.0%、医疗器械类占 3.6%、化学试剂类占 1.3%、玻璃仪器类占 0.2%、其他类占 2.5%。有数据显示，我国医药电商的发展速度很快，2014 年中国医药电商市场交易规模 68 亿元，分别占药品零售市场规模、药品市场规模的 2.36%、0.45%。如图 5-1 所示。

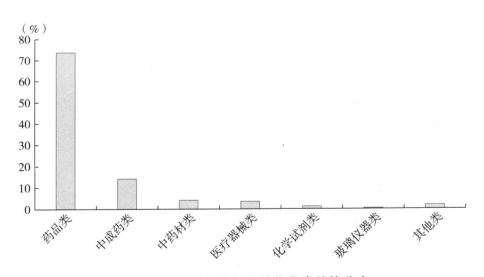

图 5-1　2014 年全行业销售品类结构分布

按照物流作业的特点和存储要求不同，本报告对冷链药品、医疗器械、中药材与中药饮片、药品电商业务进行了专项分析与研究。

第一节　药品冷链物流

药品冷链物流，是指冷藏冷冻类、易腐类医药产品在生产、加工、储藏、运输、配送、销售一直到消费者的各个环节中始终处于特定的温度范围，以保证医药品质量，同时降低储运损耗，控制时间，节约成本的一项复杂的系统工程。它是以冷冻工业学和医药学为基础，以制冷技术为手段，伴随物流运输行业的发展而兴起的。冷藏药品的储运比较特殊，对温度、湿度、见光度等具有特定要求。疫苗类制品、注射针剂、酊剂、口服药品、外用药品、血液制品等需要低温条件下储运的药品的流通都属于医药冷链物流的范畴。

一、我国生物医药产业发展

近几年，生命科学的发展使生物技术与医药领域相结合，产生了生物医药领域，计算机技术的突飞猛进，加速了生物技术在制药领域的应用和新药的研发。在这样的背景下，全球制药巨头都瞄准了生物制药这一新兴的领域，争相开发生物医药市场。在中国，制药行业正处于转型提升的关键时期。新版 GMP 对制药企业的改造，影响了整个行业的格局，国内一些知名药企也开始进军生物医药领域。

截至 2015 年 6 月，我国生物制药企业超过 900 家，呈逐年上升的趋势。主要分布于环渤海、长三角、珠三角等经济发达地带。2014 年，生物制药行业实现收入 2750 亿元，同比增长 13.95%，行业利润 322 亿元，同比增长 11.82%，处在较快增长的阶段。国内主要的生物制药公司有华北制药、扬子江药业、东北制药、复星医药等。

从总体上看，我国生物医药产业形成了三级梯队，其中长三角、环渤海、珠三角以及吉林省为引领生物医药产业发展的第一梯队。如图5-2所示。

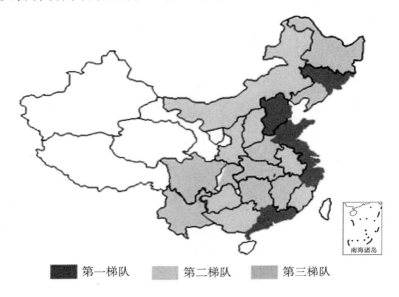

图5-2　我国生物医药产业地图

资料来源：东滩顾问研究而得。

我国已成为全球第三大医药市场，生物医药行业也保持了较高的增幅，产值大幅度提升。在国家大力推进健康发展计划的背景下，生物医药领域存在着巨大的市场需求，行业的增长势必带动医药产业销售量的增加，相应地也会提升冷链物流需求。居民用于医药产品的消费性支出增多，购买力增强，医药终端市场的规模日趋庞大，这将为药品流通业带来更大的市场需求，药品冷链物流也随之进入快速增长期。

二、药品冷链物流发展面临的问题

1. 标准落实不到位

医药冷链行业在标准方面有很多不完善的地方，其中最棘手的问题就是标准落实不到位。目前，在医药产品运输配送过程中尚有没有资质的小型企业没有通过全程冷链，物流成本低导致产品价格较低；正规企业按照国家标准保证每一环节都通过冷链完成，最终导致医药产品在价格方面缺乏竞争力。消费者普遍的消费心理偏向于价格便宜的产品，这对于全程冷链操作的规范企业来说是不公平的竞争。国家出台的标准在实施层面上遇到阻碍，没有完全落实到位；企业不完全按照国家标准执行，自律性差，冷链物流行业发展举步维艰。

2. 基础设施落后

我国医药公司运输药品普遍采用小批量、多批次，难以形成一定的规模开展集运，医药冷链物流面临的最大问题是运输难、配送难。特别是在不发达的二线城市，物流市场落后，具备冷藏品运输条件的物流企业寥寥无几，很多医药企业被迫规定冷藏药品不得托运。我国的冷链设施不完善，冷链物流装备不足：铁路方面，冷藏车仅占总量的 3% 左右；公路方面，我国的保温车辆约有 2.5 万辆，而美国拥有 20 多万辆。专业基础设施的落后阻碍了医药冷链物流业发展。

3. 信息化程度滞后

基于供应链理念，我国医药冷链物流从供应链顶层到底层涉及医药制造商、医药供应商、医药分销商、医药零售商等，这些物流节点没有实现完全联网，难以实现信息共享，无法对药品温度进行实时监控。受技术限制，多数物流公司采用在出货和进货时进行温度测定，这种人工确认温度的方法不能实现温控数据的连续性和准确性，难以保证药品质量。医药经营企业只有提高信息化程度才能保证医药产品全程的温度监测和控制。

4. 监管体系落实不到位

在医药冷链物流过程中，大部分企业不能够很好地落实尚存在的与冷链物流相关的行业标准。很大一部分行业标准用来作为形象工程，在实操过程中不能发挥监管作用，出现问题各环节人员相互推诿，原因可归结为物流各环节责任归属不明确。所以很多企业抱着侥幸的心理，为了节省开支，只要在监管不到的环节，在运输过程中不遵循运输规范，没有完全按照标准进行运输，赢利第一药品质量第二，导致了医药产品质量得不到保证。

5. 专业人才匮乏

近年来中国物流产业蓬勃发展，国内企业对物流人才的需求量也逐年增加，但是与之相应的物流人才教育培训却跟不上产业发展的步伐，全国各地物流人才缺口很大。至于物流领域的新兴产业——冷链物流，人才缺口则更加严重。由于医药冷藏品具有高时效、高价值、容易变质的特性，这就要求员工具有较强的物流专业水平，要既懂物流又懂医药，但是就目前而言，全国并没有一所高校开设这样的专业。即便有些学校开设了物流专业，但由于物流行业具有实操性很强的特征，而这些学校的教育方式跟企业实践相结合的太少，到最后学生只能学到较高的理论水平，但往往实践能力比较差，很难胜任企业所交给的岗位任务。

三、药品冷链物流相关政策

目前，我国药品冷链物流行业政策环境利好，冷藏药品安全与冷链管理受到重视。我国药品冷链物流执行的现有法规主要是 GMP 和 GSP 以及《中国药典》。另外，国家质检总局、国家标准委于 2012 年 11 月 5 日颁布执行了国家标准《药品冷链物流运作规范》（GB/T 28842—2012）；2014 年 7

月 1 日，国家标准《药品物流服务规范》（GB/T 30335—2013）也颁布执行。同时，由中国物流与采购联合会、冷链物流专业委员会等单位联合起草的国家标准《物流企业冷链服务要求与能力评估指标》于 2015 年 7 月 1 日起实施。

据统计，我国目前有近一半的省份颁布了药品现代物流暂行标准，也对企业的药品冷链物流服务能力提出了要求，比如湖南省要求开展冷藏品存储、配送业务的，必须满足"企业应配备 2 个以上独立冷库，总容积不少于 800 立方米；申请疫苗物流业务的企业，应配备 3 个以上独立冷库，冷库容积 1000 立方米以上；冷库应有面积不少于 20 平方米，并且有与经营规模相适应的冷链作业缓冲区（温度不超过 15℃），作为冷链药品装卸、存放包装的专用场所"。

如河北省医药现代物流企业暂行标准就要求"仓储作业面积不少于 10000 平方米。其中阴凉库的面积不少于 8000 平方米；配备两个以上独立冷库，冷库的总容积不少于 1200 立方米，冷库应采用双机热备"。

第二节　医疗器械物流

我国医疗器械经营门槛很低，医院对医疗器械的采购以自主采购为主，由于整个行业技术水平不高，国家对这一领域的监管相对松散，医疗器械物流存在着许多不够规范的现象，产品质量在储存运输环节难以保证安全有效。

一、我国医疗器械发展

国内的医疗器械市场不管在生产还是在销售领域，集中度相对都比较

低。根据国家工信部发布的《2014 年医药工业经济运行分析》报告，其中
医疗器械行业主营业务收入总额为 3798.98 亿元，占医药工业经济总额的
15.47%，其中卫生材料及医用品制造约为 1662.32 亿元，医疗器械设备及
器械制造约为 2136.07 亿元。

2014 年，我国医疗器械市场规模约为 2556 亿元，约占全球医疗器械销
售规模的 7%，排名世界第二；在中低端医疗器械规模上则位列世界第一。
调研显示，在 2014 年我国医疗器械约为 2556 亿元的市场销售规模中，医院
市场约为 1944 亿元，占 76.09%；零售市场约为 612 亿元，占 23.91%。在
零售市场中，传统零售业销售额约为 454 亿元，占 74.18%；电商渠道销售
额约为 158 亿元，占 25.82%。如图 5 - 3 和图 5 - 4 所示。

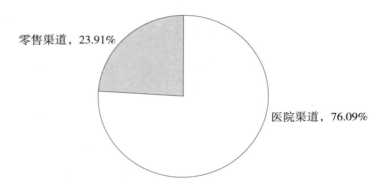

图 5 - 3　2014 年中国医疗器械销售渠道占比

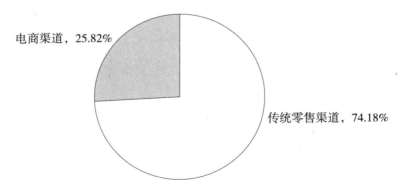

图 5 - 4　2014 年中国医疗器械零售渠道占比

2015 年上半年，医疗器械行业实现累计营业收入 1080.92 亿元。

中国医疗器械 2014 年市场总规模约为 2556 亿元，但生产企业 1.57 万家，平均每家才 1350 万元，仅为药品平均数的 4.6%。可见，医疗器械生产领域市场集中度之低，多、小、散、低附加值的情况仍普遍存在。

从销售渠道和产品分类来看，我国医疗器械物流主要分为零售终端和医院终端。零售终端以经营企业自主配送、电商渠道快递配送为主，医院终端以生产企业大型批发企业的物流配送为主。如表 5-1 所示。

表 5-1 　　　　　　　　　　　　**医疗器械产品分类**

	销售渠道	产品类别
中低端医疗器械产品	零售终端	血糖仪、血压计、电子体温表等、家用保健监测器材、颈椎腰椎牵引器、家用制氧机等康复设备
	医院终端	手术用巾、绷带、纱布、导管、插管等敷料和低端耗材类产品；听诊器、采血管、医用制氧机、轮椅车、消毒灭菌设备、输液器、体温计等医院基础器材
高端医疗设备	医院终端	X 光机、CT（电子计算机断层扫描）、核磁共振、超声、血管造影机、核成像等医学影像设备；体外诊断；监护仪器等中小型设备
	医院销售	心脏支架、心脏起搏器、骨科器

二、医疗器械物流发展现状及主要问题

近几年来，我国医疗器械产业整体发展势头迅猛，这也为医疗器械物流行业带来了广阔的发展机遇，但是由于器械设备的专业性、产品以及流通渠道的特殊性，国内医疗器械物流一直未能受到广泛重视，目前国内专业的第三方医疗器械物流企业数量寥寥无几，然而这与我国的医疗器械市场规模不相匹配。

目前国内医疗器械物流业主要存在以下几方面问题。

1. 企业对物流环节重视度不高

我国医疗器械经营门槛较低，且很多医疗器械产品都是技术水平较低的中低端产品，所以无论是医疗机构还是经营企业对医疗器械物流都不够重视，以致产品在运输和存储环节存在很多安全隐患，这些医疗器械如果在物流过程中就已经出现问题，那么就很难保障消费者的安全。所以，提高行业对物流的重视是医疗器械行业发展的必然趋势，也是民众安全的需求。

2. 行业监管松散，专业第三方物流企业难以进入

国家对医疗器械物流领域的监管相对松散，导致医疗器械物流一直存在着许多不够规范的现象，加上企业追逐低廉的运营成本，规范高效的现代物流企业很难进入这一行业。

3. 技术应用落后，行业资源整合不足

诊断试剂等医疗器械的储存和运输都需要严格控制温度，物流过程中的技术要求较高。然而我国冷链物流发展并不完善，试剂生产、经营企业的出货量偏小，货量、冷藏车辆资源整合均存在较大难度，难以形成规模效应。目前，物流企业在运输过程中存在层层转包，全程运输监控及追溯无法保障，容易出现质量失控的问题，安全隐患多。

三、医疗器械物流政策逐步完善

在过去几年，医院对医疗器械的采购以自主采购为主，国家对这一领域的监管相对松散，医疗器械物流无可执行的标准或规范，物流质量在储运环节难以保证安全有效。2014 年后,随着新修订《医疗器械监督管理条例》的出台,医疗器械物流的管理也逐步得到了加强。目前,国家陆续出台了部分关于医疗器械的法规,部分省份也出台了规范医疗器械物流的文件。如表 5 - 2 所示。

表 5 - 2   2014—2015 年中国医疗器械行业政策摘要

发布时间	政策	发布单位	主要内容
2014 - 02	《医疗器械监督管理条例》	国务院	为了加强对医疗器械的监督管理,保证医疗器械的安全、有效,保障人体健康和生命安全
2015 - 06	《医疗器械分类规则》	国家食品药品监督管理总局	用于指导制定医疗器械分类目录和确定新的医疗器械的管理类别
2015 - 06	《药品医疗器械飞行检查办法》	国家食品药品监督管理总局	食品药品监督管理部门针对药品和医疗器械研制、生产、经营、使用等环节开展的不预先告知的监督检查
2015 - 04	《关于开展医疗器械第三方物流试点评估及相关工作的通知》	北京市食品药品监督管理局	根据全市高风险医疗器械经营企业经营规模、仓储运输能力和市场总量情况,对全市高风险医疗器械经营企业发展趋势进行预测,形成医疗器械经营环节物流发展规划报告,为今后医疗器械第三方物流企业的市场准入、日常监管机制和制度的建立及完善提供决策参考

为了落实《医疗器械经营管理办法》以及 GSP 的要求,北京、上海、湖北、河南等多地第三方医疗器械物流试点工作得到推进。以上海、北京为例,两地共二十余家企业被列为医疗器械第三方物流试点企业,试点将促进医疗器械经营环节储运渠道集中度提升,降低医疗器械市场流通成本,

并利用第三方物企业信息化优势，强化高风险医疗器械产品追溯管理。试点情况表明，医疗器械第三方物流模式对促进医疗器械经营环节储存运输的规范化、集约化管理，满足行业发展需要具有积极意义。

第三节 中药材与中药饮片物流

中药材、中药饮片是和中成药并列的三类中药产业，是最基本和最基础的中药发展的源头，也是我国的传统药品种类。

一、我国中药材与中药饮片现状

不完全统计，我国中药材的主要品种达到 500 多种，种植面积超过 500 万亩，年产量 5 亿多千克，全国已建立中药材生产基地 600 多个。

商务部的有关数据显示，2014 年我国中药材的全国销售总额约为6007397 万元（约为 600.74 亿元），其中北京、安徽、广东、四川、浙江居中药材销售前五位，占据了全国中药材销售总额的 55.65%。2013 年，我国中药饮片行业营业收入总额约为 1259 亿元；2014 年，我国中药饮片的产能约为 450 吨。

中国中药材与中药饮片供应链模型，如图 5-5 所示。

调研发现，我国 17 家中药材专业市场在中药材流通环节中的地位逐步下降，很多中药材专业市场如西安万寿路中药材市场、兰州黄河中药材市场、云南昆明菊花园中药材市场等呈现继续萎缩态势。目前尚存在的专业市场的交易量也在逐渐下降，个别品种如枸杞、山药等在中药材专业市场的交易量仅占 20%。纳入国家商务部统计的 29 个大宗中药材品种中，有 20 个品种在中药材专业市场的交易量呈现大幅下滑态势。但是与中药材专业

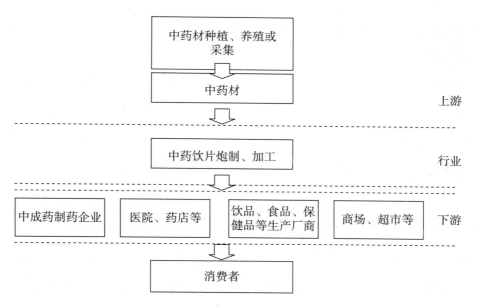

图 5－5　中国中药材与中药饮片供应链模型

市场萎缩形成对比的是产地市场的繁荣，比如吉林抚松人参市场、云南文山州三七市场、甘肃陇西中药材市场等。这些市场或是由于靠近产地，或是由于自然环境的禀赋，已发展成为规范的中药材市场。依托这些市场，当地可以建设标准化、社会化的中药材仓储基地，形成辐射全国、集约高效的中药材物流配送体系。

二、中药材与中药饮片物流的走向

我国中药材、中药饮片物流的现代化、规模化程度较低，包装缺乏标准规范，仓储物流处于分散状态，现代存储设施与技术应用少等问题依然存在。国家《中药材保护和发展规划（2015—2020 年）》（国办发〔2015〕27 号）和商务部办公厅《关于加快推进中药材现代物流体系建设指导意见的通知》（商办秩函〔2014〕809 号）均提出了建设中药材现代物流体系的相关要求。随着现代信息技术、中药材气调养护、冷藏保质技术的发展及集中仓储与管理模式的成熟，中药材流通将借鉴其他行业的经验，发展中药材现代物流，建设中药材流通追溯体系，以提升中药材质量，推动中药材产业健康持续发展。

国务院规划的我国中药材现代物流体系建设是要在 2020 年实现三大目标：一是流通环节的中药材规范化集中仓储率达到 70%；二是建设 25 个物流基地，初步形成采收、产地加工、包装、仓储和运输一体化的中药材现代物流体系；三是推动中药材现代物流体系与中药材追溯体系无缝对接。而商务部指导意见具体则要以中药材产销区为节点的物流基础设施和流通网络基本建成，大宗药材和贵细、毒麻限剧中药材实现集中仓储。

据悉，目前我国已形成中药材现代物流体系建设方案。有关部门组织制定的中药材仓库技术、仓储管理、气调养护 3 项行业标准已经发布实施，中药材产地加工、包装技术等两项行标也即将发布。

三、中药与中药饮片物流政策以地方为主

据不完全统计，为推动各区域中药材产业有序发展，国家药监局、各省市纷纷出台了相关政策。由于中药及中药饮片物流的特殊性，其政策的制定以地方部门的监管性政策为主。如表 5 - 3 所示。

表 5 - 3　　　　　　　　2013—2015 年中国中药材行业政策摘读

发布时间	政策	发布单位	主要内容
2015 - 04	《中医药健康服务发展规划（2015—2020年)》	国务院	将中医药优势与健康管理结合，以慢性病管理为重点，以治未病理念为核心，探索融健康文化、健康管理、健康保险为一体的中医健康保障模式。加强中医养生保健宣传引导，积极利用新媒体传播中医药养生保健知识。加快制定信息共享和交换的相关规范及标准

续　表

发布时间	政策	发布单位	主要内容
2013 – 10	《关于进一步做好中药材质量监管工作的通知》	食品药品监管总局	充分认识加强中药材管理的重要性；强化中药材管理措施；加强组织保障
2015 – 02	《进一步加强中药饮片生产经营和中药材中药饮片购进及使用管理的通知》	北京市食品药品监督管理局	中药饮片生产企业必须严格按照法定标准采购、检验中药材，按照法定标准生产中药饮片，生产的中药饮片必须按照法定标准进行全项检验，合格后方可出厂，国家已公布补充检验方法的，所用中药材、所产中药饮片应进行补充检验

借国家政策的有利契机，我国部分行业领先企业也在行动，如康美药业先后收购了安徽亳州中药材市场、广东普宁中药材市场及河北安国中药材市场。2014 年还投资 15 亿元，在甘肃陇西新建中药材静态仓储能力达 50 万吨的中药材现代仓储物流园。中国医药健康产业集团则在天津建立了规范的中药材仓库。

第四节　医药电商物流

由于药品互联网销售具有便利、优价、隐私保护、更好的服务等优势，已成为全球药品销售的一个重要渠道。美国自 20 世纪 90 年代后期就出现了以互联网为交易平台的网上药店，2013 年美国通过网络零售的药品高达 743 亿美元左右，占药品零售市场约 30%。相比之下，中国的医药电商仍然处于起步阶段，2013—2014 年中国医药产品的线上零售额占比均不到药品市场规模的1%。随着国内医改政策的推进，医疗资源配置逐步得到平衡，等级医院用药规模将趋向平稳增长。虽然目前网上药店基数很小，但却是未来不可忽视的重要渠道。预计在"互联网＋"刺激下，这一终端市场将扩大。

一、我国医药电商发展

统计数据显示，2014年零售药店市场总规模3004亿元，药品电商销售总额约为68亿元，2015年网上药店全品类交易规模接近110亿元。截至2015年年底，我国拥有互联网交易资质的医药企业合计为425家，企业数量同比增长56.3%，其中B2B为90家、B2C为319家、O2O为16家，主要的交易模式为B2B、B2C形式，其中B2B占销售额比重为90%（O2O模式不含其中）。

据药品流通统计直报系统不完全统计，拥有互联网资质的医药电子商务营业收入平均增幅超过了50%，远远高于传统药品流通销售模式的增幅。加快"互联网＋"与医药产业的深度融合、拓展医药产业供应链已成为行业共识。大型药品流通企业纷纷"触网"，如国药进军体检行业合作成立"国药集团健康商城"、英特新型联盟形式"药店在线"、九州通自营式B2C模式"好药师网"、第三方B2C平台"天猫医药馆"、浙江珍诚自营式B2B模式"珍诚在线"、第三方B2B平台"我的医药网"、叮当快药O2O模式、上药＋京东、阿里健康"云医疗"等多种模式，将为医药电子商务的发展提供更多的业务增长点。虽然医药电子商务整体销售收入占药品流通市场的比重不高，但其销售增速不断提高。随着"互联网＋"政策的进一步明朗，未来医药电子商务的发展潜力巨大，呈快速增长态势。

概况而言，目前我国医药电商主要有三种运营模式：自营式B2C网上药店、第三方平台模式和B2B采购平台。

表 5-4   医药电商分类表

类型	特点	代表企业
自营 B2C	医药连锁企业自建官网实现与消费者之间的网上药品交易	健一网、七乐康、好药师网
平台式 B2C	由第三方电商以中立身份提供虚拟交易平台服务	天猫医药馆、京东医药馆
B2B 模式	原料供应商与药厂之间、药厂与医药批发商之间、医药批发商与零售商之间的电子采购交易	九州通、珍诚在线

通过天猫医药馆的数据来看，医疗器械、隐形眼镜、OTC（非处方药）药品、计生用品、保健品等品类取得了一定规模效应；自营式 B2C 类重点发展药品品类，更加回归药学服务本质。

互联网的"去中心化""扁平化"对整个医药产业链都产生了巨大的影响，将电子商务引入医药供应之后，将形成新的医药行业供应链体系。第三方医药电子商务通过对物流、资金流、信息流的有效整合，加强了企业内部与企业之间的协作能力，多层的中间批发环节将消失，交易渠道变得单一，有利于控制供应链成本。新的医药供应链系统使药品流通环节成本大大降低（可从 70% 降至 25%），从而极大地减轻消费者的医药费用负担。

2014 年 6 月，国家食品药品监督管理总局发布《互联网食品药品经营监督管理办法（征求意见稿）》，首次提出放开处方药在电商渠道的销售，拟由执业药师在线审核处方后，由第三方物流配送平台进行药品或医疗器械的配送。这给药品电商物流带来了希望，但是由于电商物流具有明显的跨地域、跨空间特性，因此其物流作业的安全性受到质疑，有关处方药触网的法规也迟迟无法落地。

二、药品电商物流待解决的问题

由于我国药品电商领域目前的政策、经济环境发展滞后，因此我国医药电子商务的发展还有颇多的问题有待解决。

首先，最大的问题就是监管问题。随着经济的发展，电子商务的经营主体和形式必然会越来越多样化。尤其是当网络介入药品的流通渠道，原有的制药工厂、批发药企、零售药店、医疗机构、病患的关系会彻底打破；尤其是社会组织强势介入药品电商领域，更会带来不可避免的冲击。药品可能直接从制药工厂流向病患个人，物流公司也可能从事药品电商业务。在这一背景下，各类药品电商企业的经营行为是否符合GSP的规范，药监部门如何对没有地域限制的网上经营进行监管等，都是难题。

其次，物流不成熟将制约药品电商发展。目前我国绝大多数物流公司不熟悉GSP的具体要求，而药品电子商务的好处就是无视了空间距离，客户可以分布更广和直达个人（B2C模式），这就导致了会有更多的物流、快递企业进入药品物流领域。

第六章　我国医药物流技术装备分析

随着新医改的深入推进及新版 GSP 的实施，中国药品物流的发展将进入井喷时代，众多现代医药物流中心将在近几年内建设完工；众多传统药品库房将进行现代化、信息化的改造。

第一节　我国医药物流技术装备现状与趋势

物流技术与装备是现代物流活动的工具与手段，要提高物流活动的效率，必须先改进物流技术与装备性能。近年来，随着物流产业的发展，专业化的新型物流装备和新技术物流装备系统也在不断涌现。

当前，国内医药物流现代化设施设备的运用大致形成了两种格局：一方面部分大型物流企业开始合理调配资源，推进全国物流网络建设，大规模使用现代化的设施设备技术。另一方面占据我国医药物流企业总数95%以上的中小型药企虽然已经开始意识到物流信息化建设的重要性，但由于企业规模小、资金紧张、领导人的思想观念难转变等种种问题，导致了这些企业一直停留在认知的阶段，影响了物流信息化的普及与提高。

物流信息化的普及率低和服务水平不到位直接限制了我国医药物流的发

展，这也就导致了我国医药物流业的总体水平与国外相比仍有很大的差距。

经过调研，目前已经建成的各大现代医药物流中心利用信息化、自动化控制等技术，已经基本实现库内主要物流设备的自动化。但是应用水平和能力不高、智能化水平不高，自我创新能力较差，与国外相对发达国家相比差距不小。

一、我国医药物流领域主要应用的技术

（1）大型集团企业全流域的信息网络化程度进一步提高，不少领先药企开始跨区域整合、跨系统整合，以减少信息孤岛，但是整合力度还不够。

（2）自动化立体库（AS/RS）大规模得到使用，整件货物实现存取自动化，存储空间化。

（3）条码技术〔目前医药存在电子监管码（基药部分）、商品条码（覆盖率不足85%）〕、RF技术普遍得以推广利用，从配送中心的验收、拣货、补货、复核，乃至到医院客户的验收，都全部利用条码、RF作业，以进一步提高作业的效率和精准度。

（4）电子标签辅助拣选技术已经得到充分利用，各大企业在应用这个技术中得到很多收获。

（5）无线台车系统技术得到普遍使用，收货作业设计了无线移动台车系统，利用无线传输技术实现数据实时传递，减少作业动线。

（6）自动补货系统：很多托管医院会用自动补货系统，自动从配送中心请货。

（7）自动分拣传输系统应用广泛，各大药企物流中心都纷纷利用此系统提高拆零分拣和集货的效率。

（8）RFID技术在冷链管理中得到应用，相信这项技术在医药物流中应用前景更加广泛。

（9）GPS/GIS（地理信息系统）跟踪技术，随着运输管理精细化、冷链物流管理要求的严格，该项技术将全面推广。

（10）云计算逐步在医药物流得到应用，如服务器虚拟技术，WMS集中部署、车辆配载、运输过程监控等，云计算带来的直接效果就是降低物流成本，提高物流效率。

二、我国医药行业物流设备的发展现状

（1）物流设备总体数量迅速增加。近年来，我国物流产业发展很快，受到各级政府的极大重视，在这种背景下，物流设备的总体数量迅速增加，如运输设备、仓储设备、配送设备、包装设备、搬运装卸设备（如叉车、起重机等）、物流信息设备等。

（2）物流设备的自动化水平和信息化程度得到了一定的提高。以往我们的物流设备基本上是以手工或半机械化为主，工作效率较低。但是，近年来，物流设备在其自动化水平和信息化程度上有了一定的提高，工作效率得到了较大的提高。

（3）基本形成了物流设备生产、销售和消费系统。以前，经常发生有物流设备需求，但很难找到相应生产企业，或有物流设备生产却因销售系统不完善、需求不足，导致物流设备生产无法持续完成等。目前，物流设备的生产、销售、消费的系统已经基本形成，国内拥有一批物流设备的专业生产厂家、物流设备销售的专业公司和一批物流设备的消费群体，使得物流设备能够在生产、销售、消费的系统中逐步得到改进和发展。

（4）物流设备在物流的各个环节都得到了一定的应用。目前，无论是在生产企业的生产、仓储，流通过程的运输、配送，物流中心的包装加工、搬运装卸，物流设备都得到了一定的应用。

（5）专业化的新型物流设备和新技术物流设备不断涌现。随着物流各

环节分工的不断细化，随着以满足顾客需要为宗旨的物流服务需求增加，新型的物流设备和新技术物流设备不断涌现。这些设备多是专门为某一物流环节的物流作业，某一专门商品、某一专门顾客提供的设备，其专业化程度很高。

三、物流设施设备的发展趋势

（1）大型化与高速化：大型化指设备的容量、规模、能力越来越大。大型化是实现物流规模效应的基本手段。高速化指设备的运转速度、运行速度、识别速度、运算速度大大加快。

（2）实用化与轻型化：由于仓储物流设备是在通用的场合使用，工作并不很繁重，因此应好用，易维护、操作，具有耐久性、无故障性和良好的经济性，以及较高的安全性、可靠性和环保性。这类设备批量较大、用途广，考虑综合效益，可降低外形高度，简化结构，降低造价，同时也可减少设备的运行成本。

（3）专门化和通用化：物流设备专门化是提高物流效率的基础，主要体现在两个方面，一是物流设备专门化，二是物流方式专门化。通用化的运输工具为物流系统供应链保持高效率提供了基本保证。通用化设备还可以实现物流作业的快速转换，可极大提高物流作业效率。

（4）自动化与智能化：将机械技术和电子技术相结合，将先进的微电子技术、电力电子技术、光缆技术、液压技术、模糊控制技术隐蔽功能用到机械的驱动和控制系统，实现物流设备的自动化和智能化将是今后的发展方向。

（5）成套化与系统化：只有当组成物流系统的设备成套、匹配时，物流系统才是最有效，最经济的。

（6）绿色化："绿色"就是要达到环保要求，这涉及两个方面：一是与牵引动力的发展以及制造、辅助材料等有关；二是与使用有关。对于牵引力的发展，一要提高牵引动力，二要有效利用能源，减少污染排放，使用清洁能源及新型动力。对于使用因素，包括对各物流的维护，合理调度，恰当使用等。

物流设施设备是现代物流系统重要的内容，先进的物流设施设备是物流全过程高效、优质、低成本运行的保证。

第二节　WMS 在医药物流中的应用与案例

一、WMS 在医药物流中的应用现状

随着新版的《药品经营质量管理规范》有关征求意见稿最先提出现代医药物流企业必须拥有 WMS（仓库管理系统），国家商务部于 2012 年颁布的《药品批发企业服务能力评估指标》也正式要求现代物流药企必须具有 WMS，各省级药监部门颁布的现代物流暂行标准也普遍要求 WMS 是企业通过现代物流认证的要素之一。

从我国医药物流发展趋势来讲，现代仓库管理系统在医药流通领域的普及运用是大势所趋，既有政策背景，也是行业发展到一定阶段的必然结果。

WMS 是 Warehouse Management System（仓库管理系统）的缩写，是通过入库业务、出库业务、仓库调拨、库存调拨和虚仓管理等功能，综合批次管理、物料对应、库存盘点、质检管理、虚仓管理和即时库存管理等功能综合运用的管理系统，有效控制并跟踪仓库业务的物流和成本管理全过程，实现完善的企业仓储信息管理。该系统可以独立执行库存操作，与其他系统的单据和凭证等结合使用，可提供更为完整全面的企业业务流程和财务管理信息。

二、医药行业 WMS 的发展方向

综合我国医药流通企业的管理向网络化、信息化方向发展的现状，以及对仓储管理的精细化要求，WMS 将向以下几个方向发展。

（1）一体化。企业业务管理系统、WMS 一体化应用，提高对客户订单的反应速度，及时反馈信息；实现业务管理与物流作业协同，满足企业商流物流一体化管理的需求。

（2）集成化。现代仓储管理不仅是对业务系统的商务交易进行物流作业反映和作业结果反馈，而且还涉及与现代物流设备和技术的集成，以实现物流作业和数据采集的自动化管理，如与自动导向车、传输带、升降机、堆垛机、电子标签、RF 等设备和技术的集成。

（3）柔性化。企业的发展是一个动态的过程，如企业发展战略、业务范围、业务流程都会不断地进行调整，WMS 需要根据企业的业务变化进行相应的调整和扩展，满足企业不断变化的管理需求，以适应企业的发展。

TLOG（事务日志）–WMS 操作页面示意，如图 6-1 所示。

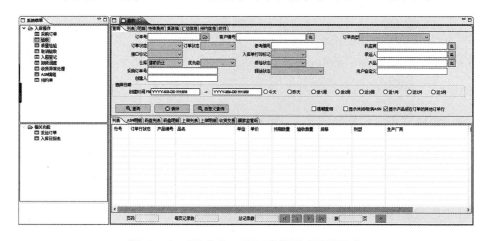

图 6-1　TLOG-WMS 操作页面示意

（4）行业化。不同的行业有不同的管理要求，如贵重商品对单品的管理要求较严格，药品和食品对效期、批号和批次的管理要求严格，药品管理还有行业特色的 GSP 管理，一套 WMS 软件不可能适应所有的行业，所以，WMS 要适应行业管理的需要，要走行业化和专业化的道路。

目前，流通企业普遍处于营销能力高于物流能力的局面，要改变物流成为企业发展瓶颈的现状，就必须学习发达国家成熟、先进的仓储管理经验，以现代化物流设备和技术、信息化管理来打造现代物流中心，构建高效的物流运作体系，提高订单处理速度和物流周转效率，降低损耗、避免差错，降低物流成本，增强流通企业的竞争力。

三、WMS 在医药物流中的应用案例

南通苏中医药物流有限公司（简称苏中医药）是经江苏省食品药品监督管理局批准的南通市内唯一的一家医药物流中心，是江苏省医药服务业重点项目，面向 3000 多家大药房、卫生院和诊所进行药品的物流配送服务。总体规划用地 156 亩，建筑面积 20 万平方米，投资 2.86 亿元，新建的 15000 平方米高效物流中心规划可满足年销售额 30 亿元的业务规模。

苏中医药是江苏省内率先建设现代化物流中心的企业，借鉴国内外先进医药流通企业物流中心建设的经验打造高标准的医药流通中枢。由于物流中心在存储面积、货位数量、SKU（库存量单位）种类和每日订单处理量等方面的规模，依靠传统的人工作业模式已经无法满足库存准确率和订单执行效率方面的要求。为此，苏中医药在物流中心建设过程中引进了 RF、电子标签、输送线和分拣线等现代化物流设备。

此前行业内已经有一些企业引进了类似的设备，但由于缺乏一个有效的调度指挥系统去高效地指挥这些自动化设备，致使这些设备成为摆设，

企业为此投入的大量资金付诸东流。基于对行业的超前认识，苏中医药总经理邓杰山在项目建设之初就确定了以 WMS 为核心构建苏中医药物流信息"中枢神经"的指导原则。

FLUX（上海富勒信息科技有限公司）并不是把自己定位于一个单纯的软件供应商，而是以一个物流咨询服务商的角色出发，帮助苏中医药物流从仓库的布局、作业的流程、软件的集成、人员的配备和供应链的协同等各个角度提出自己的方案和见解。

（1）FLUX 协助苏中医药实现了以下方面的变革与创新。

①从原来以"经验和知识"主导型的管理模式转变为以"流程和标识"主导型的管理模式。

②从传统上医药行业以"剂型"为主要分类依据的"存储"模式转变为以"ABC"为主要分类依据的"物流"模式。

③从"被动采购"模式向供应商"主动补货"模式的转变。

（2）TLOG – FLUX. WMS 为苏中医药构建了智慧的中枢神经系统。

TLOG – FLUX. WMS 作为整个物流中心的中枢神经系统，高效地协调和指挥各个物流子系统的运作，一方面与企业的 ERP（企业资源计划）系统充分集成，及时接收订单指令并将订单执行的结果反馈到 ERP 系统；另一方面通过各种预先设定的作业规则和优化算法，动态调度 RF 终端、电子标签和输送线协同完成整箱或者拆零货物的作业，最终通过分拣线实现准确的货物分流。

TLOG – FLUX. WMS 在苏中医药物流中心的成功实施，使苏中医药物流中心的信息化水平和管理水平均达到了同行业领先水平，物流中心的整体设计、运输流程和系统规划获得国家和省级相关机构的高度认可，成为医药流通领域标杆型物流中心。

①对药品批号实现精确管理。

a. 随时可以查询每个批号在仓库的哪个库位，对应的数量是多少。

b. 发货时自动按照先进先出锁定批号，指导作业人员到指定的库位拣货。

c. 可以详细地查询到每个批号的入库时间、出库时间和销售流向等信息。

②提高作业效率，满足未来业务扩展的需要。

a. 自动分析药品的货动率，入库时由 WMS 自动根据货动率分配远近库位，提高未来拣货的作业效率。

b. 实现拆零区和整货区的高效管理，随时根据订单需要通知仓库进行补货作业，不会因为拆零区缺货而导致订单无法执行。

c. 实现整货和拆零的分区作业，最大化利用仓库工人的作业效能。

③提高物流配送效率。

a. 通过 WMS 生成的拣货标签对货箱进行标识，标明配送的路线和客户，改变手工标识的落后方式。

b. 装车前使用无线手持终端扫描标签号，自动进行库存的扣减并自动生成装车单，装车单作为物流配送的依据。

第三节　TMS 和 GPS 技术在医药物流中的应用与案例

一、TMS 与 GPS 技术在医药物流中的应用现状

TMS（运输管理系统）适用于医药物流行业，主要包括订单管理、调度分配、行车管理、GPS 车辆定位系统、车辆管理、人员管理、数据报表、基本信息维护、系统管理、运费管理、成本管理、线路优化等模块。该系统对车辆、驾驶员、线路等进行全面详细的统计考核，能大大提高运作效

率，降低运输成本，使企业在激烈的市场竞争中处于领先优势。

通过调研发现，TMS 在我国医药物流领域的运用还比较少。但是通过调研发现已经使用 TMS 和 GPS 技术的企业，TMS 中 GPS 车辆定位系统应当具备两方面的功能：首先，系统可以有效地与巡查车进行通信联络，实施指挥调度；其次，指挥调度应当基于对当前交通状况和巡查年运行状况的实时分析判断。巡查车运行信息应包括车辆的当前位置、行驶速度、运行轨迹、车辆基本信息、历史信息等。调研发现，也有部分药企单独将 GPS 技术运用在企业的运输管理过程中。如图 6 - 2 和图 6 - 3 所示。

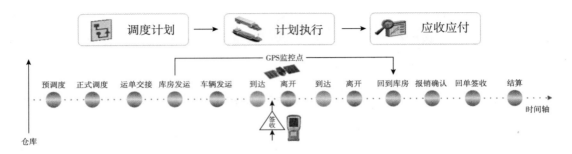

图 6 - 2　TMS 运输系统任务状态示意

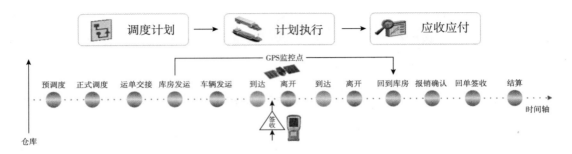

图 6 - 3　TMS 运输系统示意

简化运输流程、降低运输成本是任何企业在供应链及物流管理中必须遵循的首要原则。运输管理系统（TMS）就是一个很好的工具。

首先，要有效地整合企业的供应链，最重要的一点就是能够通过各种职能和团队了解物流和运输的信息。为了使货物运输可视化，越来越多的企业将 TMS 代替原有陈旧的管理系统或提高 ERP 的管理标准。TMS 解决方案的选择不仅限于单一的（必须获得软件授权）系统。目前，还有三种选择可以为企业采用 TMS 提供参考：由企业自己主导的软件研究、多用户共用的软件服务以及最常用的部分外包和由专门的软件服务商负责管理运输管理系统。

二、TMS 在医药物流中的应用案例

本案例来自网络公开渠道。（http：//articles. e – works. net. cn/erpover-view/article113395. htm）

国药控股湖北有限公司是国务院国资委直属的大型央企——中国医药集团在湖北设立的区域性二级子公司。

中国医药集团是中国最大的医药健康产业集团。集团旗下拥有 10 个全资或控股子公司和国药控股等 5 家上市公司，其中国药控股是全国最大的药品分销商；中生集团是最大的疫苗和血液制品研究和生产基地；国药励展拥有国际医疗器械博览会、全国药交会等 17 个覆盖整个医药产业链的会展品牌。2014 年，集团营业收入超 2400 亿元，是目前唯一一家进入世界 500 强的中国医药企业。

（一）项目背景介绍

国药控股湖北有限公司在"十二五"期间发展的总体指导方针下，为实现企业的战略发展目标、实现物流的信息再造愿景，满足对供应链管理

服务平台建设的迫切需求，为公司战略发展提供重大技术支持，必须建设一体化的医药运输信息服务平台来支持国药控股湖北有限公司的高效运作。

（二）项目目标

（1）整合资源：通过 TMS 的建设，为国控物流搭建起物流网络，使得分公司、子公司可以在同一个网络运营，实现资源充分共享。

（2）统一标准：通过标准化产品实施，实现全网物流作业标准化，提升客户服务及满意度。

（3）提高效率：通过信息系统计算机辅助决策，提高订单、调度以及运输执行的效率。

（4）降低成本：物流计划的优化通过需求计划，决定运输模式的优化，运输线路优化，运力资源的安排从而降低成本。

（三）项目实施与应用情况详细介绍

（1）TMS 系统的主要功能模块，包括以下内容。

①系统管理功能设置：用户管理模块、权限角色管理模块、数据字典维护模块、日志管理模块。

②基本信息设置：客户信息管理模块、车辆信息管理模块、人员信息管理模块。

③运输作业设置：订单处理模块、调度配载模块、运输跟踪模块。

④财务管理设置：统计报表管理模块、应收应付模块。

（2）运输管理系统的特点。

①TMS 是基于网络环境开发的支持多网点、多机构、多功能作业的立体网络运输软件。

②TMS 是在全面衡量、分析、规范运输作业流程的基础上，运用现代物流管理方法和计算机技术设计的先进的、标准的运输软件。

③TMS 采用先进的软件技术实现计算机优化辅助作业，特别是对于快速发展中的运输企业，可以支持在网络机构庞大的运输体系中，协助管理人员进行资源分配、作业匹配、货物跟踪等操作。

④TMS 具有实用的报表统计功能，可以为企业决策提供实时更新的信息，大大简化了人员的工作量。

（四）效益分析

（1）TMS 系统使用后既满足公司目前的业务状况和公司总部与各二、三级子公司的组织架构及运作模式，又满足多公司、多实体、多角色的使用需要，并能支持后续业务发展而带来的调整。

（2）满足了多层组织体系架构的各层的独立运作和各层之间分级调度、统筹协调的运作，资源的多级共享管理，在支持集中式和分布式管理的前提下既可以提供不同层级之间协同，又可以提供与调度有关时间效率问题的解决方案。

（3）在使用过程中 TMS 系统满足冷链运输的需求，包括对冷藏车辆、包装方案的选择建议，出库装车、运输、货物送达过程中对温度的记录和对温度要求（冷链装车要求）的提示，保证了对冷藏药品的生命周期。

第四节　自动分拣输送系统在医药物流中的应用

自动分拣输送系统（Automatic Sorting System）是先进配送中心所必需的设施条件之一。我国绝大多数医药物流仓库的自动分拣系统，其主线流速一般在 2000 件/小时以下，极少数会突破 4000 件/小时。近年来，随着设计的年药品流通规模超过 150 亿元的大型医药物流中心越来越多，高速分拣机的国产化成为必然趋势。调研得知，国内专业的医药物流集成研究机构上海通量信息科技有限公司引入欧洲技术，经过分解、研究、逆向制造，成功制造了6000件/小时、8000件/小时的高速分拣机，形式有滑块式、翻板式等，适用于包括医药、食品、速递等大众行业。

一、自动输送分拣系统

经过调研，国内医药物流中心目前常用的产品规格以及相应纸箱和塑料周转箱的日常使用频率确认如下规格表，自动分拣输送线以及分拣系统使用的设备规格可以依据如表6-1所示的规格。

表6-1　　　　　　　　　　　投放输送线包装箱规格表

项目	最大	最小
长宽高	L700毫米×W550毫米×H500毫米	L250毫米×W200毫米×H150毫米
重量	30千克	2千克

塑料周转箱的尺寸为：可插式周转箱上部外尺寸为L600毫米×W400毫米×H315毫米，底部外尺寸为L525毫米×W330毫米×H315毫米，最大重量为30千克。

在考虑输送设备使用最大效率的前提下，为确保设备的正常使用以及使用的效率，将依据设备的特性，凡尺寸及重量不在此范围内的纸箱作为异型品，改用其他方式出入库。

要求上线的纸箱底部必须平整，结实，不可以有损坏，不能软。

要求上线的塑料周转箱底部必须平整、结实，有花纹的花纹深度应小于3毫米。

由于输送设备具有一定的特殊性，相对于产品也有一定的特定性，因此，在输送的过程中会对产品的摆放有一些要求，针对两种不同货物的材质，会使用不同传输介质，才能做到高效、高速。

图6-4为医药物流中心比较普遍、常规的塑料周转箱示意，此类周转箱比较适合在较为多样化形式的输送系统中使用。

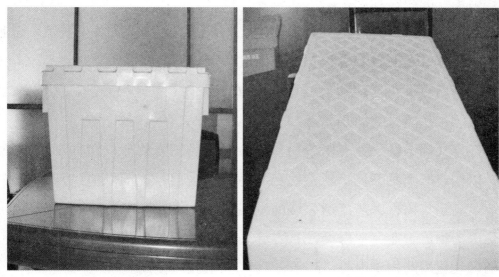

（a）周转箱侧面图　　　　　　（b）周转箱底部图

图6-4　医药物流常用周转箱示意

周转箱底部及纸箱的行走方向为沿着箱子的长度方向摆放在输送设备上，由较小宽度移动。如图6-5所示。

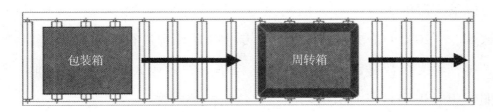

图6-5　拆零周转箱输送示意

二、自动分拣系统在医药物流中的应用案例

江苏九洲医药物流有限公司成立于2006年8月，位于淮安市经济开发

区，占地 54 亩，建筑面积 16000 平方米，主要经营各类中西药品、中药饮片、医疗器械、保健食品、计生用品等 26000 余种，公司秉持"特色化产品、顾问式销售"的经营理念，以"创造客户价值、实现员工梦想"为历史使命，致力于打造江苏品种特色、价格合理、服务领先的一流医药批发（物流）企业。

2014 年 10 月 20 日，公司顺利通过新版药品经营质量管理规范（GSP）认证；2015 年 1 月 13 日，公司成为淮安首家拥有医药第三方物流资格的企业，能满足年 20 亿元的配送量。

江苏九洲医药物流有限公司作为全国药品三方物流联盟的副理事长单位，以构建医药物联网、打造医药智慧物流为愿景，为顺应医药物流发展趋势，满足集团在医药流通领域的发展需要，成为符合新版 GSP 标准的现代化医药物流企业，率先投资 1 亿元，建设了 16000 平方米具有行业领先水平的现代化医药物流中心，已于 2014 年年底投入使用。

淮安九洲医药物流中心占地 54 亩，仓储库房 15000 平方米，拥有高位金属货架库房；上海通量信息科技有限公司的仓储管理系统；RF 和电子标签拣选系统；工业中央空调系统和温湿度监控系统，以及通量科技公司的输送分拣系统等现代化的软硬件系统和设备；仓库中的恒温库房有温度 20℃以下、湿度 30%～75%的阴凉库，15℃～20℃的恒温库，2℃～8℃的冷藏库，－20℃的冷冻库；库内配置专业执业药师进行检验，120 多名现有员工中，绝大多数是医药相关专业学校毕业的专业人员，所有标准都严格按照新版 GSP 及江苏省有关药品三方物流的规定执行。

淮安九洲医药物流中心的输送分拣系统中主要设备包括多楔带弯道机、多楔带直道输送机、合流皮带输送机、无动力辊筒输送机、爬坡皮带输送机、斜角多楔带输送机、窄带分拣机和转向轮分拣机等多种输送分拣设备。不同设备的结合、互补，在达到节能、高效目的的同时，最大程度满足了客户的个性化需求。如图 6-6 所示。

图6-6　淮安九洲现代药品物流中心示意

第五节　自动化立体仓库和穿梭车在医药物流中的应用

自动化立体仓库在我国医药物流领域的运用已经日渐成熟，相信在不久的将来还将得到普及。但是由于该系统必须具有较大的物流作业量进行支撑，因此目前使用这一技术的企业主要以大型工业药企和业内领先的商业药企总部物流中心以及核心物流库房为主。

自动化立体仓库的本质就是运用一流的集成化物流理念，采用先进的控制、总线、通信和信息技术，通过不同软硬件设备的协调运作，将用户的作业需求程序化、既定化、标准化，靠软件指令或简单人工操作完成指定货物的自动有序、快速准确、高效的出入库作业流程。

自动化立体仓库是现代物流系统中迅速发展的一个重要组成部分，它具有节约用地、减轻劳动强度、消除差错、提高仓储自动化水平及管理水平、提高管理和操作人员素质、降低储运损耗、有效地减少流动资金的积压、提高物流效率等诸多优点。对医药企业而言，自动化立体仓库偏重于对大流通的仓储物流管理和高效作业的支持。

穿梭车是一种新型的物料搬运小车，也称为 RGV 小车，常应用于自动化立体仓库中，提高仓储效率。它在计算机和电控系统的控制下，可以在不同的货架间切换工作，转场则通常由巷道堆垛机或叉车实现，运用穿梭车配合自动化立体仓库系统是近几年一个新兴的物流解决方案，在近年的仓储项目规划中比比皆是。传统的货架系统虽然造价低廉，但空间的利用率低，货物的周转效率不高。而较先进的自动化立体仓库的空间利用率虽有大大提升，取货难度也有所提高。与其他类型货架系统相比，穿梭车货架系统在仓库空间的利用率、货物的存取效率及货架投资成本方面都具有较大的优势。堆垛机自动识别穿梭车并分配作业巷道，由穿梭车在巷道内存取货物，再由堆垛机完成出入库作业，实现全自动出入库和系统管理。穿梭车式出入库系统是自动化立体仓库系统的组成部分，由轨道式台车来完成货物的出入库接驳，与堆垛机配合完成仓储作业。

目前，我国运用的自动化立体仓库系统已经得到了较快的发展，各类软件公司、集成商围绕自动化仓储系统开发了多种适应不同行业的系统硬件设备及软件产品，如不同类型的库存管理软件、系统仿真软件、图形监控及调度软件、堆垛与输送机控制软件、条码识别跟踪系统、搬运机器人、码垛机械手、穿梭车、货物分选系统、堆垛机认址检测系统、堆垛机控制系统、货位探测器、高度检测器、输送系统、码垛系统、自动输送小车等产品。

一、自动化立体库主要技术性能

作为一种综合性的技术含量非常高的现代物流管理与作业支持系统，

自动化立体仓库是多种现代技术的结晶，医药企业要对以下几个方面的技术性能有所了解。

1. 控制系统

自动化立体仓库采用的是现场控制总线直接通信的方式，真正做到计算机只监不控，所有的决策、作业调度和现场信息等均由堆垛机、出入库输送机等现场设备通过相互间的通信来协调完成。

（1）每个整件货位的托盘号分别记录在堆垛机和计算机的数据库里，管理员可利用对比功能来比较计算机的记录和堆垛机里的记录，并进行修改，修改可自动完成和手动完成。

（2）系统软、硬件功能齐全，用户界面清晰，便于操作维护。

（3）堆垛机有自动召回原点的功能，即无论任何情况，只要货叉居中且水平运行正常时，可按照下达的命令自动返回原点，这意味着操作人员和维护人员可以尽量不进入巷道。

（4）智能的控制系统，可以实现真正的自动盘库功能，避免了以往繁重的人工盘库工作，减轻了仓库管理人员的工作强度，同时保证了出库作业的出错率为零。

2. 包含的功能模块

自动化立体仓库的监控管理系统包括数据管理、入库管理、出库管理、查询、报表、单据与盘库、报警、监控与动画等模块。

二、主要组成设施

自动化立体仓库的建设涉及多方面的内容，其主要设施也分成三大类，包括土建工程、机械设备、电子电气设备。

1. 土建及公用工程设施

（1）库房，库存容量和货架规格是库房设计的主要依据，尤其是整件货物进出库作业量必须计算清楚，土建工程是主要工程量。

（2）消防系统，对于自动化立体仓库而言，由于库房规模大，存储的货物和设备较多且密度大，而仓库的管理和操作人员较少，所以仓库内一般都采用自动消防系统。

（3）照明系统。

（4）动力系统。

（5）通风及采暖系统。

（6）其他设施，如排水设施、避雷接地设施和环境保护设施等。

2. 机械设备

（1）货架，构铸货架的材料一般选用钢材或钢筋混凝土，钢货架的优点是构件尺寸小，制作方便，安装建设周期短，而且可以提高仓库的库容利用率。钢筋混凝土货架的优点在于其防火性能较好，抗腐蚀能力较强，维护保养也相对简单。自动化立体仓库的货架一般都分隔成一个个的单元格，单元格是用于存放托盘或直接存放货物的。

（2）货箱与托盘，货箱和托盘的基本功能是装小件的货物，以便于叉车和堆垛机的叉取和存放。采用货箱和托盘存放货物可以提高货物装卸和存取的效率。

（3）巷道机，巷道机是自动化立体仓库中最重要的设备，它是随自动化立体仓库的出现而发展起来的专用起重机。巷道机可在高层货架间的巷道内来回运动，其升降平台可做上下运动，升降平台上的货物存取装置可将货物存入货格或从货格中取出。

（4）周边搬运设备，搬运设备一般是由电力来驱动，由自动或手动控制，把货物从一处移到另一处。这类设备包括输送机、自动导向车等，设备形式可以是单机、双轨、地面的、空中的、一维运行（即沿水平直线或垂直直线运行）、二维运行、三维运行等。其作用是配合巷道机完成货物的输送、转移、分拣等作业。在仓库内的主要搬运系统因故停止工作时，周边设备还可以发挥其作用，使作业继续进行。

3. 电气与电子设备

（1）检测装置，检测装置是用于检测各种作业设备的物理参数和相应的化学参数，通过对检测数据的判断和处理可为系统决策提供最佳依据，以保证系统安全可靠地运行。

（2）信息识别设备，在自动化立体仓库中，这种设备必不可少，它是用于采集货物的品名、类别、货号、数量、等级、目的地、生产厂、货物地址等物流信息。这类设备通常采用条码、磁条、光学字符和射频等识别技术。

（3）控制装置，自动化立体仓库内所配备的各种存取设备和输送设备必须具有控制装置，以实现自动化运转。这类控制装置包括普通开关、继电器、微处理器、单片机和可编程序控制器等。

（4）监控及调度设备，监控及调度设备主要负责协调系统中各部分的运行，它是自动化立体仓库的信息枢纽，在整个系统中举足轻重。

（5）计算机管理系统，计算机管理系统用于进行仓库的账目管理和作业管理，并可与企业的管理系统交换信息。

（6）数据通信设备，自动化立体仓库是一个构造复杂的自动化系统，它由众多的子系统组成。各系统、各设备之间需要进行大量的信息交换以完成规定的任务，因此需要大量的数据通信设备作为信息传递的媒介，这类设备包括电缆、远红外光、光纤和电磁波等。

（7）大屏幕显示器，这是为了仓库内的工作人员操作方便，便于观察设备情况而设置的。

三、自动化立体仓库的优劣势比较

自动化立体仓库在日益讲究规模效益的医药物流领域优势是非常明显的。

（1）由于能充分利用仓库的垂直空间，其单位面积存储量远远大于普通的单层仓库（一般是单层仓库的 4~7 倍）。目前，世界上最高的立体仓库可达 40 多米，容量多达 30 万个货位。而国内同样面积的医药物流中心，自动化立体仓库可以支持的医药批发销售额至少是同面积药品仓库的三倍以上。

（2）仓库作业基本实现机械化和自动化，一方面能大大节省人力，减少劳动力费用的支出；另一方面能大大提高作业效率。尤其以调拨销售为主的规模药企，自动化立体仓库可以极大提高整件商品出入库的效率。

（3）采用计算机进行仓储管理，可以对库内货品进行有效的细化管理，可以方便地做到"先进先出"，并可防止货物自然老化、变质、生锈，也能避免货物的丢失。

（4）货位集中，便于控制与管理，特别是集中使用电子计算机系统，不但能够实现作业的自动控制，而且能够进行海量信息的深度处理。

（5）能更好地适应黑暗、低温、有毒等特殊环境的要求。例如，国内使用了自动化立体仓库的医药企业的整件仓库，基本上对灯光的要求是非常低的。

（6）大规模采用标准托盘或存储单元存储、管理货物，货物的破损率显著降低。

但是，自动化立体仓库是多种先进技术手段的综合运用，就目前在国内众多医药物流中心运用的实际情况来看，也存在着一些缺点。

（1）由于自动化立体仓库的结构比较复杂，配套设备也比较多，所以需要的基建和设备投资也比较大。一般而言，如果医药批发企业年销售额没有超过30亿元，建设和使用自动化立体仓库的效益就难以体现。

表6-2　　　　　　　自动化立体仓库与普通仓库的实用成本比较

序号	项目	单位	自动化立体仓库			普通仓库		
			数量	单位（元）	总价（元）	数量	单位（元）	总价（元）
1	货位数	个	10000			10000		360000
2	土地费用（估）	平方米	2000	450	200000	8000	450	3120000
3	建筑费用	立方米	2000	800	1600000	8000	390	
4	作业速度	盘/天	2000			2000		
5	货架	位	10000	400	4000000	10000	300	
6	堆垛机	台	7	200000	6300000	0		3000000
7	输送机	米	45	2000	90000	0		
8	控制系统	套	1		300000	0		
9	计算机系统	套	1		400000	1		200000
10	叉车	台	3	50000	150000	20	50000	1000000
	固定投入合计	元/年			13740000			10920000
	折旧（按15年）	元/天			916000			728000
		人			2510			1995
11	人员	度	7	100	700	21	100	2100
12	动力成本	P/天	700	1	700	200	1	200
13	货物损耗	元/天	0			1	2000	2000
	可变投入合计	元/天			1400			4300
	成本：日值	元/盘			3910			6295
	每盘存储成本				1.96			3.15

（2）地面土建要求高、货架安装精度要求高、多系统集成难度大、整套系统的实施、测试、调试阶段耗费时间长，总的说来就是施工比较困难，工期相应较长，医药物流投资项目的建设周期至少将延长 3~6 个月。

（3）本套系统属于刚性作业系统，作业和存储弹性小，难以应付高峰的需求，因此最大设计作业能力往往比较大，平时是种投资浪费。

（4）对可存储的货物品种有一定限制，需要单独设立存储系统用于存放长、大、笨重的货物以及要求特殊保管条件的货物。

（5）自动化立体仓库的高架吊车、自动控制系统等都是技术含量极高的设备，维护要求高，因此必须长期依赖供应商，以便在系统出现故障时能得到及时的技术援助。

（6）对建库前的工艺设计和作业系统规划的要求非常高，在投产使用后更要严格按照工艺流程作业。

四、昆明鑫源堂自动化立体库的应用案例

鑫源现代医药物流中心是昆明鑫源堂医药有限公司（简称昆明鑫源堂）在昆明投资兴建的现代化大型公共药品、医疗器械第三方物流产业平台。2014 年由上海通量信息科技有限公司规划设计与集成其现代医药物流中心库房。

鑫源现代医药物流中心位于昆明市五华区普吉河北路，占地 35860 平方米，是严格按现代物流标准及 GSP 规范设计、建设、管理、经营的集互联网医药电子商务、医药现代物流、金融增值服务、配套综合服务等功能于一体，可实现商流、物流、信息流、资金流四流合一的行业综合性平台。如图 6-7 所示。

此项目，物流中心仓储面积、办公面积及附属设施近 5 万多平方米，配备 12 米高、10 巷道的全自动立体库，标准货位 8000 个；具有先进的自动

图 6 - 7　昆明鑫源堂现代医药物流中心示意

分拣系统，可容纳 15000 个品规的拆零拣选区，综合使用了 RF 与电子标签拣选技术，库内还有中药材、中药饮片库、特殊药品库区、待验区、发货区、退货区及附属用房等功能区。物流库房使用业内领先的"TLOG - WMS"仓储系统进行三方物流管理，库存商品容量可达 50 万件以上，具备药品出入库吞吐量 1.5 万件/天的能力。

第六节　电子标签与 RF 系统在医药物流中的应用

一、电子标签拣货系统在医药物流中的应用

电子标签拣货系统又称 CAPS（Computer Assisted Picking System），其工作原理是通过电子标签进行出库品种和数量的指示，从而代替传统的纸张拣货单，提高拣货效率。电子标签在实际使用中，主要有两种方式：DPS 和 DAS。

DPS（Digital Picking System）方式就是利用电子标签实现摘果法出库。首先要在仓库管理中实现库位、品种与电子标签对应：出库时，出库信息通过系统处理并传到相应库位的电子标签上，显示出该库位存放货品需出库的数量，同时发出光、声音信号，指示拣货员完成作业。DPS 使拣货人员无须费时去寻找库位和核对商品，只需核对拣货数量，因此在提高拣货速度、准确率的同时，还降低了人员劳动强度。采用 DPS 时可设置多个拣货区，以进一步提高拣货速度。

DPS 一般要求每一品种均配置电子标签，对很多企业来说，投资较大。因此，可采用两种方式来降低系统投资：一是采用可多屏显示的电子标签，用一只电子标签实现多个货品的指示；另一种是采用 DPS 加人工拣货的方式：对出库频率最高的 20% ~ 30% 产品（约占出库量 50% ~ 80%），采用 DPS 方式以提高拣货效率；对其他出库频率不高的产品，仍使用纸张的拣货单。这两种方式的结合在确保拣货效率改善的同时，可有效节省投资。

DAS（Digital Assorting System）方式是另一种常见的电子标签应用方式，根据这些信息可快速进行分拣作业。同 DPS 一样，DAS 也可多区作业，提高效率。电子标签用于物流配送，能有效提高出库效率，并适应各种苛刻的作业要求，尤其在零散货品配送中有绝对优势，在连锁配送、药品流通场合以及冷冻品、服装、服饰、音像制品物流中有广泛的应用前景。

而 DPS 和 DAS 是电子标签针对不同物流环境的灵活运用。一般来说，DPS 适合多品种、短交货期、高准确率、大业务量的情况；而 DAS 较适合品种集中、多客户的情况。无论 DPS 还是 DAS，都具有极高的效率。

（一）选择拣货方式

电子标签辅助拣货系统的电子标签显示器，安装于货架储位上，原则上一个储位内放置一个产品，并且以一张订单为一次处理的单位，系统会将订单中所有订货商品所代表的电子标签亮起，拣货人员依照灯号与数字的显示将货品自货架上取出，即称为电子标签辅助拣货系统。然而，拣货作业是否能达到应有的品质水准，亦要有良好、精确的仓储管理系统和整体规划为基础，方能发挥其效益。

医药企业是否应导入电子标签，衡量方法比较简单，主要看四方面：一是政策要求，二是服务时间要求，三是准确率要求，四是成本要求。就目前我国医药流通行业的政策环境和发展来看，电子标签辅助拣货方式的推广是大势所趋，企业更多的是要考虑如何将投入的电子标签发挥出作用，物超所值。

（二）常见类型和品牌

医药企业使用电子标签辅助拣货，如果要达到"无纸化"作业的效果，所选择的电子标签必须要能够指示到药品品种的具体批号，这就意味着在一个货位中如果有多个药品的多个批号，电子标签的指示信息必须和每个批号信息一一对应，否则作业人员难以快速准确地拣选货品。

因此，我国物流设备行业用于医药仓库的常见电子标签有"三位一窗"（较老，现采用较少）、"六位一窗""十位三窗"三种类型。

六位数电子标签，标签上有 6 位 7 - segment 的显示。此组件的作用是当作订单显示器或下一信道指示器，以辅助作业者顺利拣货。如图 6 - 8 所示。

图 6 - 8　六位数电子标签订单显示器

十位三窗式电子标签，在标签的面板设计上，除了灯号与按键外，尚有一可显示数量的 $1 \times 2 \times 3$ 位数 LED 显示设计。如图 6 - 9 所示。

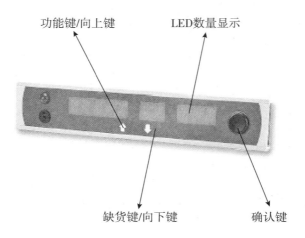

图6-9　十位数电子标签订单显示器

完成器：在具体实施中，除了电子标签显示器以外，还有一个配套的完成器，上面除了灯号与完成键设计外，还有一个蜂鸣器，其作用是当区货物拣选完毕时，灯会亮且蜂鸣器会响起，提示作业结束。如图6-10所示。

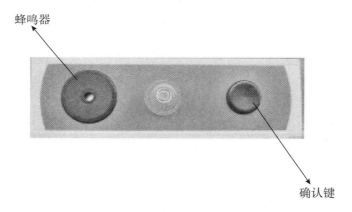

图6-10　完成器

目前，具有医药流通领域成功实施案例最常见的品牌主要有日本爱鸥、中国台湾上尚、中科巨龙等。上述几个品牌基本囊括了我国医药流通领域所需要的高、中、低档的电子标签，也有能力为企业提供电子标签规划和实施方案。

二、RF 系统在医药物流中的应用介绍

RF 主要用于货物进出库，货物从整件库区向零件库区的移库下架、补货上架，整件货物的出库以及货物在库养护盘点工作。

RF 拣货系统的布局以及安装应针对货物在行走、安全控制以及经济等方面综合考虑。在设施设备集中招标时，RF 系统可以招标购置，由供应商对业主的仓库进行信号测量，确定发射基站的安装点。

目前，在医药物流行业，RF 系统与企业实施的进销存或能实现同等功能的管理系统属于共生关系，我们根据与部分商品化医药销售和物流软件厂商的合作实施经验，现在推出了以库存基本业务为核心的 RF 系统产品解决方案软件包，该软件包的模块组成介绍如下。

1. 中间件服务模块

此模块为 RF 系统现有版本的基本配置模块，主要用于通信服务、数据库连接和数据交换服务、批处理标签打印服务、简单的用户管理等事项。该模块执行效率高，运行可靠稳定，可以执行双进程监控，防止因异常因素导致系统停止运行的现象发生。

2. 标签打印模块

此模块为 RF 系统现有版本的可选配置模块，主要用于入库商品的条码标签打印，该功能具有防止错误重复打印、因设备问题导致标签不能正常打印的追加打印等机制。

3. 销售出库模块

此模块为 RF 系统现有版本的必选配置模块，主要用于销售出库单指令

的货位拣选处理。

（1）可以自动获取销售出库指令。

（2）可以按照货区划分提示操作者进行出库拣选。

（3）支持条码标签扫描并与指令明细进行自动校验。

（4）支持多计量单位灵活处理，可以按照整件加散件方式进行出库，并且允许直接输入出库总数（以散件计量单位算），系统根据件数比自动换算成正确的整件和散件数量。

其中，订单查询、按订单分配、批量分配操作示意，如图6－11、图6－12和图6－13所示。

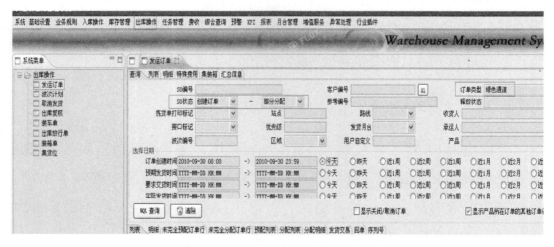

图6－11　订单查询操作示意

4. 采购入库确认模块

此模块为 RF 系统现有版本的可选配置模块，主要用于入库指令中所涉及商品的最终入位确认处理。由于医药物流在采购单入库接收环节已经具体指定了准确的入库位置信息，因此该功能执行完成后不需要再向后台数据库传送结果。

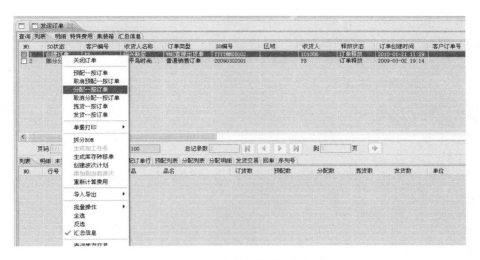

图 6-12　按单分配操作示意

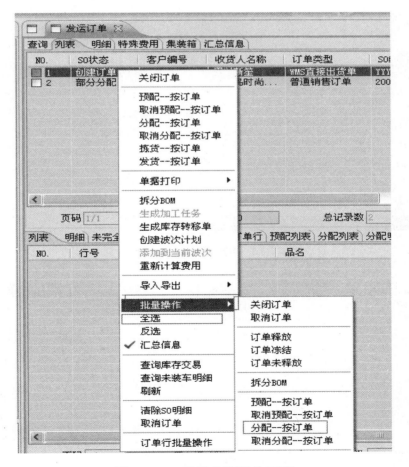

图 6-13　批量分配操作示意

（1）可以自动获取入库指令。

（2）可以按照货区划分提示操作者进行入库操作。

（3）支持条码标签扫描并与指令明细进行自动校验。

（4）自动提示操作者入库商品应存放的具体位置信息，方便搬运和摆放。

RF上架、RF出库操作流程示意，如图6-14、图6-15所示。

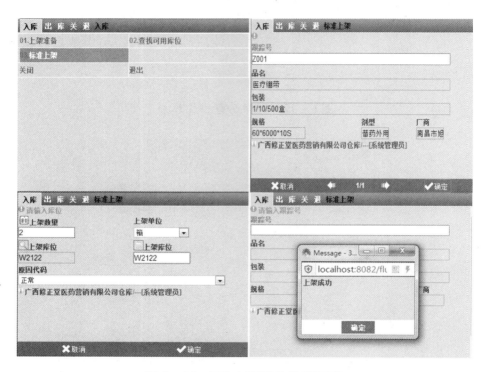

图6-14　RF上架操作流程示意

图6-15　RF出库操作流程示意

5. 采购入库确认增强模块

此模块为 RF 系统现有版本的可选配置模块，与标准模块的区别在于，增强模块将标签打印模块集成进来了，也就是说用户可以在入库现场对需要入库的商品实行随接收、随打印、随粘贴、随扫描并放入货架的一条龙作业，业务操作可以更加顺畅和连续。

6. 盘点模块

此模块为 RF 系统现有版本的可选配置模块，主要用于库房内定期或不定期的商品盘存业务。

盘点操作示意，如图 6 – 16 所示。

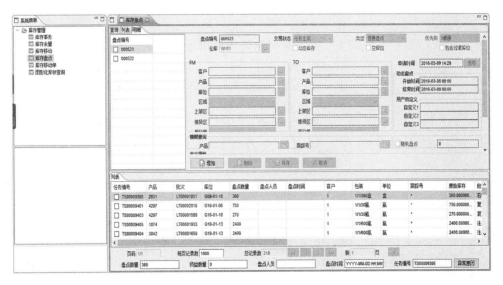

图 6 – 16　盘点操作示意

三、RFID 和二维码条码在医药物流业的应用

医药物流追踪是应用信息追踪技术，实现医药商品在生产、仓储、运

输、加工、配送等物流环节的信息采集和传输，获取物流信息的完整过程。它主要包括全程药品信息跟踪和事后信息追溯两大基本功能，为相关决策者制定决策提供重要的物流信息。如图 6 - 17 所示。

图 6 - 17　医药物流业应用条码演示

二维条码/二维码（2 - Dimensional Bar Code）是用某种特定的几何图形按一定规律在平面（二维方向）上分布的黑白相间的图形记录数据符号信息的；在代码编制上巧妙地利用构成计算机内部逻辑基础的"0""1"比特流的概念，使用若干个与二进制相对应的几何形体来表示文字数值信息，通过图像输入设备或光电扫描设备自动识读以实现信息自动处理。它具有条码技术的一些共性：每种码制有其特定的字符集，每个字符占有一定的宽度，具有一定的校验功能等。同时，还具有对不同行的信息自动识别功能及处理图形旋转变化等特点。二维条码能够在横向和纵向两个方位同时表达信息，因此能在很小的面积内表达大量的信息。

RFID 通过无线电识读信息，具有非接触性、可同时识读多个对象、信息容量大、通信距离长、识读速度快、环境适应性强等特点。二维条码与一维条码相比，可不需要数据库支持，独立存储和标识信息，且具有信息容量大、可靠性高等优点。二维条码需要通过光学扫描进行识读，识读效率较 RFID 要低得多。但是二维条码在应用成本上却更有优势，它的应用成本仅在条码标签本身，而 RFID 标签的成本目前仍然较高。

由于 RFID 技术应用成本高、通信标准不统一等问题一时难以彻底解决，许多企业在构建物流追踪系统时选择了折中的办法，即联合应用二维条码和 RFID 用于商品追踪，并在汽车工业、食品安全等行业物流中取得良好的应用效果。在军事物流领域，陈兴刚等也提出将二维条码和 RFID 技术联合应用于仓储物资的管理、在运物资跟踪和远程调拨，帮助实现军事物流的可视化。

在我国医药物流业发展的目前阶段，应用二维条码承载药品信息，做到唯一标识药品的每个零售包装，再应用 RFID 标签标识药品的物流包装，记录包装箱内的药品信息，是一种实现药品物流追踪的经济、可行的方案。另外，二维条码和 RFID 技术的应用还可实现药品的防伪、自动效期管理、问题药品追溯等功能，对于加强药品流通安全管理具有重要意义。

联合应用二维条码和 RFID 技术，同样适用于军队药材物流信息的追踪，但对通信安全的要求要高得多。在应用过程中，二维条码标签和 RFID 电子标签必须进行可靠的数据加密，RFID 标签与读写器间的通信也需确保安全。对于在运药材的实时追踪，只需将运输车辆的车载 GPS 更换成支持北斗卫星导航通信系统的终端即可。

RFID 的技术标准主要由美国的 EPCglobal 和日本的 UID 两大组织所掌握。目前，我国应用 RFID 的技术标准尚未出台，各行业间的应用标准也未达到统一。标准化问题已成为阻碍 RFID 技术推广应用的重要原因之一。因此，在医药物流追踪系统中联合应用二维条码和 RFID 技术，必须首先在行业内统一 RFID 的应用技术标准。从目前国内应用 RFID 的现状来看，在 RFID 大规模应用上获得成功的案例，均是由政府主持实施的，如第二代居民身份证、铁路车号自动识别系统、上海港集装箱管理等。而在民间商业应用中获得成功的却在少数，多数仅停留在推广试验阶段。

第七节　货架、叉车、托盘等设备在医药物流中的应用

一、货架的选择与应用

对医药企业而言，货架属于常用的大宗物流设备，投资金额不菲、专业性又较强，尤其是高位金属货架和自动化立体仓库所需的货架，对质量的要求就非常高。因此，掌握正确的金属货架选型与采买方法，是医药企业现代物流管理人员所必需的知识和技能。

（一）货架的种类

1. 按货架的发展分

（1）传统式货架。包括层架、层格式货架、抽屉式货架、橱柜式货架、U 形架、悬臂架、栅架、鞍架、气罐钢筒架、轮胎专用货架等。

（2）新型仓储货架。包括旋转式货架、移动式货架、装配式货架、调节式货架、托盘货架、进车式货架、高层货架、阁楼式货架、重力式货架、屏挂式货架等。

2. 按货架的适用性分

（1）通用货架。

（2）专用货架。

3. 按货架的制造材料分

（1）钢货架。

（2）钢筋混凝土货架。

（3）钢与钢筋混凝土混合式货架。

（4）木制货架。

（5）钢木合制货架等。

4. 按货架的封闭程度分

（1）敞开式货架。

（2）半封闭式货架。

（3）封闭式货架等。

5. 按结构特点分

（1）层架。

（2）层格架。

（3）橱架。

（4）抽屉架。

（5）悬臂架。

（6）三角架。

（7）栅型架等。

6. 按货架的可动性分

（1）固定式货架。

（2）移动式货架。

（3）旋转式货架。

（4）组合货架。

（5）可调式货架。

（6）流动储存货架等。

7. 按货架结构分

（1）整体结构式：货架直接支撑仓库屋顶和围棚。

（2）分体结构式：货架与建筑物分为两个独立系统。

8. 按货架的载货方式分

（1）悬臂式货架。

（2）橱柜式货架。

（3）棚板式货架。

9. 按货架的构造分

（1）组合可拆卸式货架。

（2）固定式货架。其中，又分为单元式货架、一般式货架、流动式货架和贯通式货架。

10. 按货架高度分

（1）低层货架：高度在 5 米以下。

（2）中层货架：高度在 5～15 米。

（3）高层货架：高度在 15 米以上。

11. 按货架重量分

（1）重型货架：每层货架载重量在 500 千克以上。

（2）中型货架：每层货架（或搁板）载重量在 150～500 千克。

（3）轻型货架：每层货架载重量在150千克以下。

（二）药企常用货架的选型

医药企业在选择货架时，应该根据企业所经营药品的特殊性和自身需求来决定货架的种类和数量，才能达到较好的经济效益。

一般说来，药品仓库内较常用的金属货架有中量型金属货架、高位立体货架，国内少数药品仓库也用到了阁楼式金属货架。

1. 中量型金属货架

中量型货架采用柱片与横梁挂接的结构，均匀插接组合式，横梁以50毫米节距调节层高，适合承载量大且品规较多的行业运用。横梁较长的情况下，通常每层载重量在350～800千克时使用较为合适。层面可铺钢板，也可铺木板（原木木板、中纤板，贴塑刨花板等）。

中量型货架多用于医药企业拆零拣选作业，代表类型如图6－18所示或流力式货架，其优点主要有以下几方面。

图6－18　中量型药品货架示意

（1）外观新颖，承重在 350～800 千克，采用 55 型立柱。

（2）层高：50 毫米（可任意调节）。

（3）材质：优质冷弯型钢。

（4）表面处理：喷塑。

（5）承重：300～800 千克（均匀承重）。

（6）特点：全组装式结构，随意组合、拆装方便灵活。

2. 高位立体货架

随着新版《药品经营质量管理规范》中提出"现代物流药品批发企业"的概念后，面积达到 15000 平方米的超大型药品仓库还会增多，这些仓库内将安装不少的高位立体货架。

高位立体货架又叫作重型货架、重量型货架、重型仓储货架等，具有整体简洁美观、安全系数高、存取速度快、节省空间，提高存储能力等优点。重型货架采用优质冷轧钢板经辊压成型，横梁选用优质方钢，承重力大，不易变形，横梁与立柱之间挂件为圆柱凸起插入，连接可靠、拆装容易，并使用锁钉，以防叉车工作时将横梁挑起；重型货架的表面均经酸洗、磷化静电喷涂等工序处理，防腐防锈，外形美观，适用于大型仓库。如图 6－19 所示。

3. 阁楼式金属货架

药品仓库受频繁发货的作业特性影响，阁楼式在物流操作的角度而言并不适合于在医药仓库内使用。但是阁楼式货架最大的好处就是整体结构为拼装式，无须现场焊接。与混凝土结构或型钢结构相比，由于底楼货架本身起到上面楼层的支撑作用，具有成本低、能够大大提高仓库空间利用率的优点。

阁楼式货架面板有平板、花纹钢板、冲孔钢板等品种，以适应防火、

图 6 – 19　高位立体（重型）货架示意

通风、光照等不同使用要求。货物上下楼层可选择叉车、液压升降台、货梯等方式，货物同层运输通常使用小型手推车完成。如图 6 – 20 所示。

图 6 – 20　阁楼式货架示意

阁楼式货架通常承载能力在 300～1000 千克/平方米，立柱选择承载能力强、用钢量少的圆管；主次梁可以根据承载需要，选择目前在钢结构工程中最经济合理的 H 形钢及萨克森公司开发的专用钢平台 C 形冷弯成型梁。

阁楼式货架适用于放置大中小件及规格统一的产品，易于分类、结构牢固，可以节约场地空间，减少了空间的浪费，此货架在物流、工厂企事业仓库中用量较大，适用于大中型仓库。

二、叉车的选择与应用

大型医药物流中心药品仓库设计规模大多数年销售额要超过 20 亿元，药品出入库作业量非常大，因此各类叉车是大型药品物流中心日常作业必需的劳动工具。

而根据《药品经营质量管理规范》中关于"现代物流药品批发企业"的认证标准，叉车是现代医药企业物流部门必须具备的作业工具。因此，结合企业货架和作业实际，购买合适的叉车是医药物流管理人员在企业筹建和运营阶段都要面临的问题。

目前，国内市场的叉车品牌很多，功能和售价差别非常大，随着药品仓库越来越普及高位立体货架，因此选择合适的叉车既能满足仓库作业需要，又可以有效节约企业的投资成本。

（一）按车型分类

叉车在企业的物流系统中扮演着非常重要的角色，是物料搬运设备中的主力军。广泛应用于车站、港口、机场、工厂、仓库等国民经济各部门，是机械化装卸、堆垛和短距离运输的高效设备。自行式叉车出现于 1917 年，第二次世界大战期间叉车得到飞速发展，而中国是从 20 世纪 50 年代初开始制造叉车的。特别是在过去的几年中，随着中国经济的飞速发展，叉车市场的需求量每年都以两位数的速度增长，国产叉车和进口叉车呈现出品牌多样化的趋势。

目前，市场上可供选择的叉车品牌众多，车型复杂，加之产品本身技术强并且非常专业，因此车型的选择、供应商的选择等是很多选购的企业经常面临的问题。

叉车的分类一般是按照车型区别，叉车通常可以分为三大类：内燃叉车、电动叉车和仓储叉车。

（1）内燃叉车：又分为普通内燃叉车、重型叉车、集装箱叉车和侧面叉车；这一叉车不适合用于药品物流中心。

（2）电动叉车：以电动机为动力，蓄电池为能源。承载能力 1～4.8 吨，作业通道宽度一般为 3.5～5 米。由于没有污染、噪声小，因此广泛应用于对环境要求较高的工况，如医药、食品等行业。由于每个电池一般在工作约 8 小时后需要充电，因此对于多班制的工况需要配备备用电池。

（3）仓储叉车：仓储叉车主要是为仓库内货物搬运而设计的叉车。除了少数仓储叉车（如手动托盘叉车）是采用人力驱动的，其他都是以电动机驱动的，因其车体紧凑、移动灵活、自重轻和环保性能好而在仓储业得到普遍应用。在多班作业时，电机驱动的仓储叉车需要有备用电池。

①电动托盘搬运叉车。承载能力 1.6～3 吨，作业通道宽度一般为 2.3～2.8 米，货叉提升高度一般在 210 毫米左右，主要用于仓库内的水平搬运及货物装卸。一般有步行式和站驾式两种操作方式，可根据效率要求选择。

②电动托盘堆垛叉车。承载能力为 1～1.6 吨，作业通道宽度一般为 2.3～2.8 米，在结构上比电动托盘搬运叉车多了门架，货叉提升高度一般在 4.8 米内，主要用于仓库内的货物堆垛及装卸。

③前移式叉车。承载能力为 1～2.5 吨，门架可以整体前移或缩回，缩回时作业通道宽度一般为 2.7～3.2 米，提升高度最高可达 11 米左右，常用

于仓库内中等高度的堆垛、取货作业。

④电动拣选叉车。在某些工况下（如超市的配送中心），不需要整托盘出货，而是按照订单拣选多种品种的货物组成一个托盘，此环节称为拣选。按照拣选货物的高度，电动拣选叉车可分为低位拣选叉车（2.5米内）和中高位拣选叉车（最高可达10米）。承载能力为2～2.5吨（低位）、1～1.2吨（中高位，带驾驶室提升）。

⑤低位驾驶三向堆垛叉车。通常配备一个三向堆垛头，叉车不需要转向，货叉旋转就可以实现两侧的货物堆垛和取货，通道宽度1.5～2米，提升高度可达12米。叉车的驾驶室始终在地面不能提升，考虑到操作视野的限制，主要用于提升高度低于6米的工况。

⑥高位驾驶三向堆垛叉车。与低位驾驶三向堆垛叉车类似，高位驾驶三向堆垛叉车也配有一个三向堆垛头，通道宽度1.5～2米，提升高度可达14.5米。其驾驶室可以提升，驾驶员可以清楚地观察到任何高度的货物，也可以进行拣选作业。高位驾驶三向堆垛叉车在效率和各种性能都优于低位驾驶三向堆垛叉车，因此该车型已经逐步替代低位驾驶三向堆垛叉车。

⑦电动牵引车。牵引车采用电动机驱动，利用其牵引能力（3～25吨），后面拉动几个装载货物的小车。经常用于车间内或车间之间大批货物的运输，如汽车制造业仓库向装配线的运输、机场的行李运输。

（二）其他分类

叉车作为专业性很强的行驶搬运工具，用途广泛，分类方式也是多种多样，企业也可以从其耗能方式、特种行业运用、工业车辆分类、行走方式分类等多角度对叉车进行分类，便于选择适合企业运用特点的车型。如表6-3和表6-4所示。

表 6 - 3　　　　　　　　　　　　　　叉车的分类方式

耗能方式分类	特种行业分类	工业车辆分类	行走方式
燃料叉车	防爆叉车	电动托盘搬运车	电动托盘堆垛车
电力叉车	多向走叉车	前移式叉车	内燃式叉车
手动叉车	越野叉车	低位拣选叉车	电瓶叉车
	集装箱行走吊	高位拣选叉车	侧面叉车
	军用工业车辆	电动拖头	固定平台搬运车
	车载式叉车	集装箱叉车	集装箱正面吊
	无人驾驶工业车辆	伸缩臂叉车	三向堆垛叉车

表 6 - 4　　　　　　　　　　　　　　叉车的分类方式

类	组	产品名称
机动工业车辆	（1）平衡重式叉车	①内燃平衡重式叉车
		②电动平衡重式叉车
	（2）前移式叉车	③前移式叉车
	（3）插腿式叉车	④手动插腿式叉车
		⑤电动插腿式叉车
	（4）托盘堆垛车	⑥手动托盘堆垛车
		⑦电动托盘堆垛车
	（5）平台堆垛车	⑧平台堆垛车
	（6）拣选车	⑨拣选车
	（7）侧面式叉车	⑩内燃侧面叉车
		⑪电动侧面叉车
	（8）越野叉车	⑫越野叉车
	（9）跨车	⑬跨车
	（10）伸缩臂叉车	⑭伸缩臂叉车
	（11）侧向堆垛叉车	⑮侧向堆垛叉车
	（12）三向堆垛叉车	⑯三向堆垛叉车
	（13）集装箱叉车	⑰集装箱叉车

类	组	产品名称
机动工业车辆	（14）固定平台搬运车	⑱内燃固定平台搬运车
		⑲电动固定平台搬运车
	（15）自动导向搬运车	⑳电磁导向自动搬运车
		㉑光电导向自动搬运车
	（16）牵引车	㉒内燃牵引车
		㉓电动牵引车

（三）车型选择

叉车作为具有特殊驾驶要求的特种工业机械，其车型和配置的选择一般要从以下几个方面出发。

1. 作业功能

叉车的基本作业功能分为水平搬运、堆垛与取货、装货与卸货、拣选。药品经营企业根据自身所要达到的作业需求可以从本书前文介绍的车型中初步确定。另外，特殊产品的作业功能会影响到叉车的具体配置，如搬运的是纸卷、铁水、滚卷钢缆等，需要叉车安装属具来完成特殊功能。

2. 操作要求

叉车的作业要求包括托盘或货物规格、提升高度、作业通道宽度、爬坡度等一般要求，同时还需要考虑作业效率（不同的车型其效率不同）、作业习惯（如习惯坐驾还是站驾）等方面的要求。

3. 作业环境

如果企业需要搬运的货物或仓库环境对噪声或尾气排放等环保方面有

要求，在选择车型和配置时应有所考虑，比如药品仓库适合使用电力叉车，油耗类叉车就不适宜使用。如果是在冷库中或是在有防爆要求的环境中，叉车的配置也应该是冷库型或防爆型的。作业场地的因素影响也很大，例如出入库时，门高对叉车是否有影响；进出电梯时，电梯高度和承载对叉车的影响；在楼上作业时，楼面承载是否达到相应要求；平地行驶时，地面是否平整、有大的裂缝也会有影响等。

企业在叉车选型和确定配置时，要向叉车供应商详细描述工况和实地勘察，并且要完整描述未来的作业布局和规划，以确保选购的叉车完全符合企业的需要。

当完成以上步骤分析时，可能有几种车型同时都能满足上述要求，此时需要注意以下几个方面。

（1）不同的车型，工作效率不同，那么需要的叉车数量、司机数量也不同，会导致一系列成本发生变化。

（2）如果叉车在仓库内作业，不同车型所需的通道宽度不同，提升能力也有差异，由此会带来仓库布局和货架布位的变化，如货物存储量的变化。

（3）车型及其数量的变化，会对车队管理等诸多方面产生影响。

（4）不同车型的市场保有量不同，其售后保障能力也不同。

例如，低位驾驶三向堆垛叉车和高位驾驶三向堆垛叉车同属窄通道叉车系列，都可以在很窄的通道内（1.5～2米）完成堆垛、取货。但是因为前者驾驶室不能提升，因而操作视野较差，工作效率较低；后者能完全覆盖前者的功能，而且性能更出众，因此在欧洲市场后者的销量比前者高出4～5倍，在中国则达到6倍以上。因此大部分供应商都侧重发展高位驾驶三向堆垛叉车，而低位驾驶三向堆垛叉车只是用在货物吨位小、提升高度低（一般在6米以内）的工况下。因此企业选择叉车时，如果其市场销量很少，该车型的售后服务能力就会相对较弱。

三、托盘的选择与应用

（一）托盘的种类

托盘从使用材料来划分，有木托盘、塑料托盘、金属托盘、锯木托盘、纸托盘、复合材料托盘、超薄托盘等。

1. 木托盘

木托盘以原木为材料，进行干燥定型处理，减少水分，消除内应力，然后进行切割、刨光、断头、抽边、砂光等精整加工处理而形成型材板块，采用具有防脱功能的射钉（个别情况采用螺母结构）将型材板块装订成半成品托盘，最后进行精整、防滑处理和封蜡处理。

目前，国内木托盘的材料主要有松木、铁杉、冷杉以及其他杂类硬木，不同的材料代表托盘的不同使用性能。欧洲托盘标准中明确规定不能使用白杨木。托盘原木料的水分含量影响托盘的收缩变形，甚至开裂，欧洲木托盘标准规定水分含量不能超过木材干燥状态时质量的 22%，在 22% ~ 26% 范围内被定义为小缺陷，超过 26% 即不合格。

木制托盘在制药工业物流中心不允许使用；在医药商业物流中心可以有限使用。

2. 塑料托盘

塑料托盘有注塑托盘和中空吹塑托盘，其中应用较广的是注塑托盘。平时所说的塑料托盘均指注塑托盘，将塑料粒子加热后在高压力下注入金属模具内成型。塑料托盘生产工序少、生产效率高、产品质量稳定，托盘的性能主要取决于塑料原料和托盘结构。

大部分塑料托盘采用 PP（聚丙烯）或 HDPE（低压高密度聚乙烯）为主要原料，托盘性能表现为抗冲击性好。

3. 金属托盘

金属托盘包括重载钢制托盘、镀锌钢板托盘和金属箱式托盘，由钢板焊接成型。由于钢材本身刚性好，同时加工简易，可以选取不同牌号、不同厚度、不同外形尺寸的钢板，根据实际使用的要求来定制托盘。

4. 锯木托盘

由锯木在模具中高温高压成型，可自身套叠堆垛，节省空间，成本低；自重轻，承重能力小。圆形边角和圆锥底脚适用于热缩单元包装；适用于运输用托盘，适合海外出口包装使用。

5. 纸托盘

纸托盘单品价格低，自重轻，本身承重能力差，防潮性能差。但不需要熏蒸检疫，多用于出口空运等一次性不回收的物流作业。

6. 塑木托盘

用一定比例的锯木和塑料进行混合，压制成型塑木板材，切割加工并用螺栓固定成托盘。塑木托盘结合了部分木托盘和塑料托盘的特点，具有良好的防潮、防腐、防酸碱的性能，自重大；组装方式与木托盘相似，适合于非标定制托盘。

7. 超薄托盘

从材质上包括纸质和塑料两种超薄托盘，厚度从 1 毫米到 3 毫米，用于进出口集装箱内和汽车运输的物流作业，节省空间，但对应的叉车需配装推拉器属具。

（二）塑料和木制托盘的分类

国内企业最常用的托盘为标准塑料托盘或木制托盘。不同材质的托盘在产品性能、售价、使用方便性等方面差异很大。与木制托盘相比，塑料托盘整体性好，卫生洁净，在使用中又具有质轻、无钉刺、无静电、耐酸碱、易清洗等特点，同时其使用寿命高于木制托盘的 3~5 倍，单次使用成本低于木制托盘。

根据生产工艺的不同，塑料托盘基本可分为注塑和吹塑两大类。

1. 国产注塑托盘

注塑托盘采用低压高密度聚乙烯，经注塑一次成型。由于原材料成本低于吹塑托盘，目前在国内的应用普及较广。其缺点在于承载力稍小，在双梁式货架上（无卡板，横梁）载重一般不超过 1 吨。同时，由于其生产工艺，托盘结构一般为单面使用型，双面使用型只能用两个单面托盘焊接或加螺栓制成，因而目前已较少生产。

2. 国产吹塑托盘

吹塑托盘采用高分子量高密度聚乙烯吹塑合模一次生产成型。相比注塑托盘，其承载力大，抗冲击性强，寿命更长。不足之处在于吹塑工艺导致产品全部为双面结构，手动托盘搬运车及托盘举升车无法使用，从而限制了其应用。另外，较高的原材料成本使其价格高于注塑托盘。

3. 进口塑料托盘

目前，我们一般把进口塑料托盘分为传统型托盘和新型托盘。传统型塑料托盘的生产工艺及产品型制与国内塑料托盘基本一致，其优势在于因生产时间长而形成的原材料及工艺的稳定性较好，以及模具型制和产品结构的多样性。但由于受运费及关税影响，成本较高。

（三）托盘的选型

医药企业选购塑料托盘，主要应考虑以下三个方面的问题。

1. 规格尺寸的选定

选定塑料托盘的时候，根据所要求的项目不同，所选用的规格也会不同。

（1）首先考虑货物的具体规格及在塑料托盘上的摆放方式。

（2）考虑托盘装载工具的情况（如集装箱、货车等）。例如，如果是一次性使用，需要优先考虑对传运集装箱宽度2300毫米的整合性，对1100毫米×1100毫米的托盘，摆放2列，2向进叉或4向进叉都可以；而对1200毫米×1100毫米的托盘，要用长1200毫米和宽1000毫米的组合摆放，必须选用4向进叉。

（3）如在仓库货架上使用，要考虑货架宽度及进深的尺寸，通常选取货架每层摆放两块托盘，并留出200毫米左右的存储活动空间。在深度方向上给予大尺寸，这样做不会产生对塑料托盘承载量的苛刻要求，以便节约采购费用。

（4）选用塑料托盘的尺寸也要考虑通用性，目前国内常用的尺寸为1210国际标准型，1208欧洲标准型和T11日本标准型。

2. 单面与双面的选择

选用单面托盘还是双面托盘，应根据相应的存储、装卸搬运设备和状态（如库型、货架类型、堆码或放置状态）等来确定。

对于占地面积小的自动立体库或高位货架，以堆垛机或电动叉车垂直搬运为主的场合，双面重载系列托盘和单面标准系列托盘都可以选择。

如果在货架上的载重达到一吨，而且货架中间没有铺板或搁条，就必须采用重载系列托盘。

对于占地面积大并以水平运输为主的场合，若用手动液压搬运车搬运则适合选用单面托盘；若用电动叉车搬运，则单面托盘和双面托盘都适合；若需堆码货物，即托盘的底部和下方货物的上面相重合，则用双面托盘或田字形的单面托盘；若用可自行的机动托盘搬运车搬运，则用底部没有连接条的九脚型单面托盘。

3. 承载的要求

动载指使用电动叉车或手动液压托盘搬运车一次所能允许举起的最大重量。一般轻型系列搬动能承重 0.5 吨，标准系列托盘能承重 1 吨，重载系列托盘能承重 1.5 ~ 2 吨。

静载指在堆码中，最下面的塑料托盘所能承载的最大重量。一般轻型系列托盘能承重 1 吨、标准系列托盘能承重 4 吨、重载系列托盘能承重 6 ~ 8 吨。

货架承载指将塑料托盘包装的货物放在货架上时允许的最大重量。一定要注意动载、静载与货架承载的区别，承载量的不同与货架结构、环境温度及仓储周期有密切关系。一般标准系列托盘挠曲度有一定要求，挠曲度国家标准为最大 30 毫米，但这个标准明显偏宽。我们建议在货架上使用挠曲度不超过 20 毫米的塑料托盘。如果是自动立体库，对挠曲度的要求还要严格一些。

第八节　自动温湿度监管设备在医药物流中的应用

随着新版 GSP 标准的执行，医药商品的在库、在途管理都要求加强温湿度冷链系统的监管，因此药品储运温湿度检测系统的运用在医药物流领域越来越普及。药品储运温湿度监测系统由管理主机、测点终端、运行软件等组成，通过主服务器实时显示和监测各监测点的温湿度状况，自动记录温湿度实际数值，实现药品储存、运输温湿度环境的 24 小时自动连续实时监测。

药品储运温湿度监测系统一般应该包含三大功能。

1. 自动监测记录

通过监测主机与监测终端实现整个监测体系内的各监测点数据自动、不间断监测、上传、储存，达到 24 小时无人值守。

2. 数据安全自动传输

通过断点传输、交互式网络技术，实现所有监测终端的数据统一格式、有效连续、安全可靠传输，所有数据及时、有效。

3. 自动多模式报警

系统内任一监测点温湿度异常情况下可通过现场监测终端声光报警、指定手机短信报警、客户管理软件报警等多种形式实时通知对应管理人员。

主要性能特点有以下几方面：

（1）温湿度记录仪要求具有体积小、外形美观、操作简单、性能可靠（失电时不丢失数据）、价格实惠、使用寿命长的特点。

（2）自动记录药品仓库温湿度变化情况，记录时间间隔 2 秒至 24 小时连续可调，免去原先人工记录的麻烦。

（3）软件有中英文两种版本，可任意选择，英文版具有国际通用性。

（4）使用内置锂电池独立供电（也可双路供电），整机功耗小，一个电池可使用一年以上。

（5）软件功能强大，数据查看方便，可将记录仪记录的数据任意转换为图表形式、WORD、EXCEL 文档查看，并可将图表或报表打印出来。根据需要数据可通过电脑管理自动传送到药监部门进行集中监控。

（6）可自行设置温湿度上下限，在超限时报警器自动报警。

代表性药品温湿度监测系统的技术指标有以下几个：

温度测量范围：$-20℃ \sim 60℃$；

温度测量准确度：$\pm 0.5℃$（$-20℃ \sim 60℃$）；

湿度测量范围：$0\% RH \sim 100\% RH$；

湿度测量准确度：$\pm 3\% RH$（$10\% RH \sim 90\% RH$ 范围内）；

使用环境温度湿度范围：$-20℃ \sim 60℃$；$0\% RH \sim 95\% RH$；

存储环境温度湿度范围：$-20℃ \sim 60℃$；$0\% RH \sim 95\% RH$。

第七章　医药物流行业政策分析

医药行业的迅猛发展给相关监管部门带来了极大的挑战，随着新版GMP、GSP标准相继出台并执行，医药监管的力度不断提升，而药品电子监管码的逐步推广更是促进了行业的规范。

我国已经将麻醉药品、精神药品、血液制品、中药注射剂、疫苗、基本药物全品种、进口药品等纳入电子监管体系。同时，国家食品药品监督管理总局要求药品生产经营企业在2015年年底前实现全部药品制剂品种、全部生产和流通过程的电子监管。

对境内药品制剂生产企业、进口药品制药厂商在2015年12月31日前须全部纳入中国药品电子监管网，完成生产线改造，在药品各级销售包装上加印（贴）统一标识的中国药品电子监管码，并进行数据采集上传，通过中国药品电子监管平台核注核销。如下图所示。

此外，社会物流还未纳入监管状态。经过调研，我国大大小小的医药公司分别有数家社会物流合作伙伴，尤其是业务范围覆盖全国的药企，其药品往往需经过多家物流公司和多个物流环节才能到达最终客户手中。在这一过程中，药品往往要在不同的环节停留数天，这就存在很多问题，如仓储和运输的温湿度环境不达标、药品存在挤压变形或被偷（换）的风险、票据容易丢失或作假。

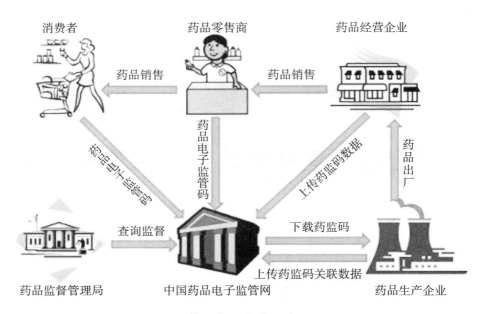

药品电子监管示意

对医药产业的监管是保障行业健康、持续、稳定成长的关键。因此，未来监管部门要更好地采用有效的监管手段与政策，使其符合国家法规。经过调研和不完全统计，我们现有的涉及医药物流领域的政策与法规总结如下。

第一节　我国国家层面医药物流政策与趋势

一、国务院《关于印发物流业发展中长期规划（2014—2020 年）的通知》

2014 年 10 月初，国务院下发《关于印发物流业发展中长期规划（2014—2020 年）的通知》（以下简称《通知》）。《通知》提出：到 2020 年，基本建立布局合理、技术先进、便捷高效、绿色环保、安全有序的现代物流服务体系。

此次国务院下发的《通知》对从事物流地产的企业也是一个重大利好消息。《通知》称，未来将推进综合交通运输体系建设，合理规划布局物流基础设施，完善综合运输通道和交通枢纽节点布局。

《通知》在物流地产的政策优惠上有如下表述："加大土地等政策支持力度，着力降低物流成本。落实和完善支持物流业发展的用地政策，依法供应物流用地，积极支持利用工业企业旧厂房、仓库和存量土地资源建设物流设施或者提供物流服务，涉及原划拨土地使用权转让或者租赁的，应按规定办理土地有偿使用手续。"

《通知》同时提到政府只是在发展物流中起引导作用，发挥主要作用的还得是民间资本。《通知》规定：要多渠道增加对物流业的投入，鼓励民间资本进入物流领域。引导银行业金融机构加大对物流企业的信贷支持，针对物流企业特点推动金融产品创新，推动发展新型融资方式，为物流业发展提供更便利的融资服务。

此次《通知》的下发对于医药物流项目土地的获取来说是个利好消息，明确建议引进资本进入物流领域，推动物流行业发展。

二、"新农合"促进医药流通发展

2014 年，我国新农合参合率继续稳定在 95% 以上，各级财政对新农合人均补助达到 320 元。参合农民的报销比例政策范围内门诊达到了 50%，住院达到 75%。同时，新农合的信息化建设进一步推进，全国绝大部分地区已经建立了省级新农合异地即时结报的信息平台，国家新农合信息平台已经与 9 个省的医疗机构建立了互联互通。

2015 年，政府补助提高到每人每年 380 元，个人缴费水平也会相应有所提高。按照此前工作安排，2015 年新型农村合作医疗农民个人缴费标准在 2014 年的基础上提高 30 元，全国平均个人缴费标准达到每人每年 120 元左右。

政府在医药卫生行业的大力投入，医保在广度和深度上的相关发展措施，将扩大医药产品的市场规模和客户需求，对医药流通行业的发展无疑是很大的利好，也将进一步促进第三方医药物流的市场规模和业态的发展。

三、新版 GSP 及附录

自 2013 年国家卫生部、药食总局陆续颁布新版 GSP 标准以来，各省逐步启动了医药企业新版 GSP 换证和认证的工作，此项工作将于 2015 年年底全部完成。该工作要求医药企业必须加大在质量管理、物流管理方面的投入，国内绝大多数省份甚至规定了医药企业通过新版 GSP 认证必须租赁的最低仓库面积。这就为医药物流地产创造了极大的市场空间。

因此从 2014 年开始，医药企业外租适合的三方物流仓库逐步增加，预计我国大型医药物流库房的建立和启用高峰在 2016—2017 年。

四、第三方物流资质

目前，国家药食总局层面尚未出台现代医药物流建设的标准和第三方医药物流认证的文件。但是自 2008 年开始，原国家药监局借修订新版 GSP 的契机，一直在做现代医药物流建设标准和第三方医药物流认证标准附录的修订工作，因此行业内都认为发展第三方医药物流是政策趋势。

目前，国内已经推出第三方医药物流试点的省份主要有山东、江苏、浙江、湖南、河南、四川、海南、吉林、北京、广东等，这些省份大多数已经出台了本省的现代物流暂行标准或者第三方医药物流认证标准，主要是以向企业发放第三方医药物流试点资格批复件的形式进行政策试水。部分省份的试点企业以自身的努力，逐步拓展开了第三方医药物流市场，并且摸索出了一套行之有效的管理模式。

五、国家卫生计生委《关于进一步加强基层医疗卫生机构药品配备使用管理工作的意见》

国家卫生计生委（国家卫生和计划生育委员会）于 2014 年 8 月发布了《关于进一步加强基层医疗卫生机构药品配备使用管理工作的意见》，其中明确提出，强化药品配送服务监管。坚持城乡结合、远近结合，督促供货企业按照药品购销合同规定的时间、地点、数量及时配送，尤其是做好偏远山区、交通不便地区的药品配送服务，供货企业不得因个别药品用量小、价格低而拒绝配送。建立供货企业不良记录管理制度，对于配送到位率低甚至不配送的，要通过约谈、警告、通报批评等形式限期纠正，拒不纠正的，计入不良记录，两年内不得参与本省（区、市）药品集中采购工作。各地可结合地方实际，探索在本区域内实行医院与基层药品配送一体化，满足各级医疗卫生机构用药需求。此次意见的出台，大大增加了药品经营企业物流配送难度。

该政策提高了医药物流的进入门槛，客观上可以起到促进医药企业加大物流投入的效果。

六、"两票制"的影响

药品集中招标改革自从 2000 年推出以来，已经对医药生产、流通环节产生了重要的影响，逐步实现医疗机构采购药品活动由分散到集中的转变。近年来该领域重要政策包括：2004 年卫生部等六部委颁布的《关于进一步规范医疗机构药品集中招标采购的若干规定》（简称"320 号文件"）和 2009 年 1 月卫生部颁布的《进一步规范医疗机构药品集中招标采购的意见》

（简称"7号文件"）。在此基础上，2010年7月卫生部等七部委下发《关于印发医疗机构药品集中采购工作规范的通知》，将药品集中采购工作完全纳入政府领导，并在政府搭建的非营利性药品集中采购平台上进行。前述政策变化对医药流通行业的影响主要包括：首先，政府主导下的采购组织形式向省级集中，省级区域性龙头企业将受益明显，有利于市场份额集中到优质的流通企业手中。其次，投标主体变化为药品生产企业直接投标，使得具备较强配送实力的流通企业竞争优势更为明显，仅仅依靠个别医疗资源生存的医药代理机构受到较大冲击。再次，首次提出"两票制"，原则要求一次配送，长远来看将对流通企业的集中和渠道扁平化起到行政推动作用（两票制即为药品从生产企业到配送商开一次发票，经配送商到试点基层医疗卫生机构再开一次发票）。最后，回款要求更加严格，削弱医疗机构的强势地位，有利于药品流通企业。

"两票制"依旧是中国医药市场改革未来发展的趋势，它的执行将要求企业往更加规范的方向发展。"两票制"对于推动工业企业的规章制度建设，加快工业企业建立自身的营销网络，扩大企业生产规模方面将起到很大的促进作用；对于医药商业企业来说，有助于扩大企业规模，促进企业兼并重组。今后商业企业可以往3个方向发展：一是物流配送型大商业公司，主要比拼的是物流配送的效率，是以规模为导向的，今后其集中度将会大幅提升；二是小型的代理制公司，主要提供药品销售外包服务，这种模式将长期存在；三是综合性的商业公司。

七、医改"十二五"规划

国务院2012年印发《"十二五"期间深化医药卫生体制改革规划暨实施方案》，要求以破除"以药补医"机制为关键环节，积极推进公立医院改革，充分发挥全民基本医保的基础性作用，重点由扩大范围转向提升质量，改革支付方式；逐步规范药品生产流通秩序，以及逐步梳理医药价格体系。

规划强调，要"发展现代医药物流，提高药品流通效率"。规划提出，要以信息化带动现代医药物流发展。广泛使用先进信息技术，运用企业资源计划管理系统（ERP）、供应链管理等新型管理方法，优化业务流程，提高管理水平。发展基于信息化的新型电子支付和电子结算方式，降低交易成本。构建全国药品市场数据、电子监管等信息平台，引导产业发展，实现药品从生产、流通到使用全过程的信息共享和反馈追溯机制。规划指出，用现代科技手段改造传统的医药物流方式。鼓励积极探索使用无线射频（RFID）、全球卫星定位（GPS）、无线通信、温度传感等物联网技术，不断提高流通效率，降低流通成本。促进使用自动分拣、冷链物流等先进设备，加快传统仓储、配送设施改造升级。完善医疗用毒性药品、麻醉药品、精神药品、放射性药品和生物制品等特殊药品物流技术保障措施，确保质量安全。

推动医药物流服务专业化发展。2014年全国药品流通直报企业中，开展物流延伸服务的有68家；承接药房托管的有64家；承接医院药库外设的有22家。鼓励药品流通企业的物流功能社会化，实施医药物流服务延伸示范工程，引导有实力的企业向医疗机构和生产企业延伸现代医药物流服务。在满足医药物流标准的前提下，有效利用邮政、仓储等社会物流资源，发展第三方医药物流。

第二节　我国代表性省份医药物流政策分析

2014年，全国六大区域销售总额比重分别为：华东39.1%、华北17.0%、中南21.6%、西南13.0%、东北5.1%、西北4.2%；其中华东、华北、中南三大区域销售额占到行业销售总额的77.7%。2014年，销售额居前 10 位的省市依次为：北京、上海、广东、浙江、江苏、安徽、山东、重庆、河南、云南；10 省市销售额占全国销售总额的 64.3%。

经过调研，本报告选取了六大区内有代表性的部分省份的现代医药物流政策进行了总结。根据调研，目前大多数省份是以通知或暂行标准的形式明确了当省药企取得药品三方物流资质的获取途径；还有部分省份将药品三方物流业务与医疗器械三方物流业务分开管理。

一、北京市现代医药物流发展情况

北京市作为我国传统的药品流通重要城市，已经有中国医药、国药控股、北医股、九州通、京卫医药等单位建设了现代医药物流中心。

北京市食品药品监督管理局下发了《北京市药品批发企业冷链物流技术指南》《药品批发企业物流服务能力评估指标》等要求，并在医疗器械方面重点开展了第三方物流试点工作。

2014 年 7 月，针对体外诊断试剂类、一次性使用无菌耗材类等高风险医疗器械产品，北京市陆续开展第三方物流试点工作。取得医疗器械第三方物流试点资质的企业，可以为医疗器械生产、经营企业提供第三方的储存与配送服务，做到集中收货、集中储存、集中配送，使众多小型企业也能具备良好的产品追溯能力，为医疗器械生产、经营企业和医疗单位用械，提供廉价、快捷、规范的新型医疗器械物流综合服务平台。

二、广东省现代医药物流发展情况

广东省作为全国第一批开展第三方医药物流试点工作的省份，早在2007 年，广州就批准了第一家第三方医药物流资质企业：广东康力医药物流公司，之后又审核通过了国药控股广州有限公司、广州医药有限公司、广东九州通医药有限公司、广东美康大光特医药有限公司、广州中山医医药有限公司等多家试点企业。

2012 年，广东省开展第三方医疗器械现代物流试点工作，已批准了广东九州通医药有限公司、广州市清平医药物流有限公司、国药控股广州有限公司、广州中山医医药有限公司、汕头市创美药业有限公司、广东美康大光万特医药有限公司作为第三方医疗器械现代物流试点企业，开展第三方医疗器械现代物流（不包括体外诊断试剂）业务，委托对象目前仅限于已委托进行药品第三方物流的批发企业和医疗器械生产企业。

三、江苏省现代医药物流发展情况

2011 年，江苏省食品药品监督管理局出台《关于加强第三方药品物流企业监管的通知》，明确了第三方药品物流企业应具备的现代物流条件，允许省内外药品生产、批发企业以及省内医疗机构委托本省取得第三方药品物流资质的批发企业，承担药品储存、验收、养护、配送等业务。在确保药品质量可控可追溯的前提下，鼓励企业进行产业分工和协作，最大限度地节约成本、提高效率。该通知明确提出"企业设置的物流中心应具备自动化立体仓库或高架仓库，面积不少于 10000 平方米"及"需冷藏药品物流中心冷库容积不少于 1000 立方米，并与第三方药品物流相适应"等细节要求。

目前，江苏累计审批药品第三方物流企业 10 家，同时积极开展医疗器械委托储运和第三方物流试点工作。并于 2013 年 4 月审批完成江苏省首个医疗器械委托储运的试点单位。

四、浙江省现代医药物流发展情况

浙江省食品药品监督管理局 2012 年发布《浙江省从事第三方药品物流

业务指导原则》（以下简称《指导原则》），供省内第三方药品物流服务企业借鉴参考，以引导药品流通企业规模化、集约化发展。

浙江省食品药品监督管理局方面表示：为进一步促进药品流通领域现代物流业的健康有序发展，推动药品流通企业规模化、集约化发展，增强市场竞争力，并确保药品在物流环节的质量安全，在总结浙江省近年来第三方药品物流试点工作经验的基础上，浙江省局制定出台了《指导原则》。

《指导原则》共分 5 章 37 条，遵循药品管理法等法规、文件的规定，并结合浙江省医药物流现状及"十二五"规划要求，在机构与人员、设施与设备、信息系统、制度与记录等方面提出了指导性意见，通过对相关企业开展第三方药品物流服务进行业务指导，推进全省药品流通体系现代化。有浙江相关企业人士透露，指导原则相当详尽，"在硬件上，大到'仓储区总建筑面积不少于 2 万平方米''阴凉库面积占储存区面积的 50% 以上'，小到'电动叉车不少于 5 台''条码标签打印设备不少于 4 台'；在软件上，承担中药材、中药饮片物流业务的企业需 1 名以上中药师，承担疫苗物流业务的企业需 2 名以上预防医学及相关专业人员等"。

据了解，目前浙江省已有浙江英特物流有限公司、浙江华药物流有限公司两家企业正式开展第三方药品物流业务，还有浙江永升医药物流有限公司、华东医药供应链管理（杭州）有限公司等 8 家公司正在筹办第三方药品物流业务，该省药品现代物流发展呈现快速发展的态势。

五、湖北省现代医药物流发展情况

2011 年 11 月，湖北省出台了《湖北省药品第三方物流验收标准（试行）》，其中规定物流中心仓储作业面积不少于 15000 平方米。阴凉库面积应占仓储区面积的 50% 以上。申请含生物制品的企业，应配备与经营规模相适应的独立冷库 2 个以上，冷库总容积 2000 立方米以上。仓库温湿度应按照《药品经营质量管理规范》（GSP）的要求加以控制。

2014 年 9 月，湖北省进一步出台《关于进一步明确从事第三方药品物流及委托储存、配送有关事项的通知》，规范委托双方经营行为，明确各地各级监管部门责任。该通知明确，已经取得从事第三方药品物流资质的药品批发企业，应先通过新修订药品 GSP 认证检查，取得药品 GSP 认证证书之后方可开展药品委托储存、配送业务；新申请从事第三方药品物流的药品批发企业应向省局提出申请，并达到《湖北省药品第三方物流验收标准（试行）》要求，方可开展药品委托储存、配送业务。

六、吉林省现代医药物流发展情况

吉林省食药监局早在 2006 年就发布了《关于对开办药品批发企业合理布局和现代物流的补充规定》（吉食药监发〔2006〕246 号），强调了开办药品批发企业必须具备现代物流条件。2015 年 2 月，吉林省食药监局发布通知《吉林省食品药品监督管理局关于明确有关药品经营许可证办理条件的通知》，强调"办理药品批发经营许可证企业在符合《吉林省新开办药品批发企业验收标准实施细则（试行）》（吉食药监发〔2014〕312 号）规定条件的前提下，仓库中必须具有适合药品储存的专用货架和实现药品入库、传送、分拣、上架、出库现代物流的装置和设备"。

七、上海市现代医药物流发展情况

上海早在 2008 年就开始了委托、被委托存储、配送药品及从事第三方药品物流业务的申请。上海此项政策面向的对象：上海市药品批发、生产企业申请委托上海市药品批发企业、非药品批发企业（以下简称第三方药品物流企业）储存、配送药品以及第三方药品物流申请接受委托药品储存、配送的许可事项。上海市于2013年10月发布《关于进一步明确本市医疗器械第三方物流监管事项的通知》。

目前，上海共审批通过药品、医疗器械及冷藏冷冻药品第三方物流储运企业20余家，其中国药控股股份有限公司为药品第三方物流储运资格；上海医药分销控股有限公司、上海外高桥医药分销中心有限公司、上海永裕医药有限公司、上海九州通医药有限公司为药品、医疗器械第三物流储运资格；上海虹桥生物医药有限公司为冷藏、冷冻药品第三方物流储运资格；其余企业为医疗器械第三方物流储运资格。

八、陕西省现代医药物流发展情况

陕西省药监局于2013年12月出台《开展第三方药品物流工作的通知》，同时出台的还有《陕西省第三方药品物流企业验收标准（征求意见稿）》，其中明确规定应能满足物流作业流程和物流管理需要。物流中心仓储作业面积不少于15000平方米。阴凉库面积应占仓储区面积的50%以上。冷库：申请含生物制品物流业企业，应配备与经营规模适应的独立冷库2个以上，冷库总容积2000立方米以上。仓库温湿度应按照《药品经营质量管理规范》（GSP）的要求加以控制。目前，陕西尚无企业通过第三方医药物流资质认证。

九、安徽省现代医药物流发展情况

安徽省食品药品监督管理局于2013年11月下发《安徽省药品现代物流标准设置指导意见》（以下简称《指导意见》），以推进药品现代物流在该省药品批发企业发展，强化药品批发企业监管。

《指导意见》从机构与人员、仓储条件、仓储设施设备、计算机信息管理系统、物流管理系统及质量管理制度等方面对药品现代物流的关键要素进行了明确，并将其作为新开办药品批发企业必须达到的条件。

《指导意见》要求市食品药品监管部门充分提高对促进药品现代物流发展重要性的认识，鼓励现有药品批发企业在经营或仓库地址变更时，按照《指导意见》的要求实施药品现代物流的改造，提升企业硬件设施条件和管理水平。鼓励具有药品现代物流条件的药品批发企业通过兼并、重组，组建企业集团，促进管理的规范化、经营的规模化。

据不完全统计，我国还有山东、湖南、福建等多省颁布了所在省份的药品现代物流暂行标准，有限度地开放药品三方物流业务。另外，海南、云南等省份也启动了药品委托配送业务。

附录一　中国涉药品物流政策汇总摘读表

发布时间	政策	发布单位	主要内容
2013 年 6 月	《药品经营管理质量规范 2013》	国家食品药品监督管理总局	加强药品经营质量管理,规范药品经营行为,保障人体用药安全、有效,是药品经营管理和质量控制的基本准则
2013 年 9 月	《全国物流园区发展规划》	国家发展改革委	明确了全国物流园区的发展目标和总体布局,为物流园区发展画出"路线图"
2013 年 10 月	《新版 GSP 相关附录》	国家食品药品监督管理总局	冷藏、冷冻药品的储存与运输管理,药品经营企业计算机系统,温湿度自动监测,药品收货与验收和验证管理等 5 个附录,对药品经营质量进行监管
2013 年 10 月	《关于进一步做好中药材管理》	国家食品药品监督管理总局	充分认识加强中药材管理的重要性;强化中药材管理措施;加强组织保障

发布时间	政策	发布单位	主要内容
2014 年 5 月	《互联网食品药品经营监督管理办法（意见征求稿）》	国家食品药品监督管理总局	正式向社会公开征求修订意见。正规的互联网药店可以售卖处方药，第三方交易经营平台的操作更为放宽等
2014 年 5 月	《深化医药卫生体制改革 2014 年重点工作任务》	国务院	加快推动公立医院改革；积极推动社会办医；扎实推进全民医保体系建设；巩固完善基本药物制度和基层运行新机制；规范药品流通秩序；统筹推进相关改革工作
2014 年 7 月	《医疗器械监督管理条例》	国务院	为了加强对医疗器械的监督管理，保证医疗器械的安全、有效，保障人体健康和生命安全
2014 年 9 月	《关于落实 2014 年度医改重点任务提升药品流通服务水平和效率工作的通知》	商务部	加快清理和废止阻碍药品流通行业公平竞争的政策规定，构建全国统一市场；采取多种方式推进医药分开；鼓励零售药店发展和连锁经营；增强基层和边远地区的药品供应保障能力
2014 年 9 月	《物流业发展中长期规划》	国务院	把"物流园区工程"列入 12 项重点工程

发布时间	政策	发布单位	主要内容
2015 年 2 月	《中药材专业市场质量监管》	国家食品药品监督管理总局	立即开展整治行动；严厉惩处违法犯罪行为；切实加强中药材监督管理；加大信息公开和曝光力度；严格落实地方政府责任
2015 年 3 月	《全国医疗卫生服务体系规划纲要（2015—2020 年)》	国务院	优化医疗卫生资源配置，构建与国民经济和社会发展水平相适应、与居民健康需求相匹配、体系完整、分工明确、功能互补、密切协作的整合型医疗卫生服务体系，为实现 2020 年基本建立覆盖城乡居民的基本医疗卫生制度和人民健康水平持续提升奠定坚实的医疗卫生资源基础
2015 年 4 月	《中医药健康服务发展规划（2015—2020 年)》	国务院	将中医药优势与健康管理结合，以慢性病管理为重点，以治未病理念为核心，探索融健康文化、健康管理、健康保险为一体的中医健康保障模式。加强中医养生保健宣传引导，积极利用新媒体传播中医药养生保健知识。加快制定信息共享和交换的相关规范及标准

发布时间	政策	发布单位	主要内容
2015 年 5 月	《关于开展物流园区示范工作的通知》	国家发展改革委	在全国遴选一批物流园区开展试点示范工作,探索形成可复制、可推广、符合我国实际的物流园区建设运营模式,逐步建立布局合理、规模适度、功能齐全、绿色高效的全国物流园区网络体系
2015 年 5 月	《物流企业冷链服务要求与能力评估指标》	全国物流标准化技术委员会	规定了物流企业从事农产品、食品冷链服务所应满足的基本要求,以及物流企业冷链服务类型、能力级别划分及评估指标,适用于物流企业的农产品、食品冷链服务及管理,对规范物流企业冷链服务行为、提高物流企业冷链服务水平具有重要的指导作用
2015 年 6 月	《医疗器械分类规则》	国家食品药品监督管理总局	用于指导制定医疗器械分类目录和确定新的医疗器械的管理类别,于 2016 年 1 月 1 日起施行
2015 年 6 月	《药品医疗器械飞行检查办法》	国家食品药品监督管理总局	食品药品监督管理部门针对药品和医疗器械研制、生产、经营、使用等环节开展的不预先告知的监督检查
2015 年 8 月	《130 项药包材国家标准》	国家食品药品监督管理总局	对现行的 139 项药包材标准进行了修订完善,对部分标准进行了合并和提高,最终形成 130 项药包材国家标准

附录二　药品现代物流、第三方物流省级政策汇总摘读表

发布时间	政策	发布单位	主要内容
2011 年 12 月	《北京市药品批发企业现代物流技术指南》	北京市药品监督管理局	对药品经营企业配置现代物流设施设备，开展药品物流活动和从事质量管理的技术等作出明确要求，是监管部门监督检查的重要参考依据
2010 年 12 月	《江苏省关于加强第三方药品物流企业监管的通知》	江苏省药品监督管理局	为加强第三方药品物流企业监管，确保药品储存、运输、配送过程中的质量安全，对申请第三方药品物流业务的企业提出明确要求
2012 年 1 月	《湖北省药品第三方物流验收标准（试行）》	湖北省药品监督管理局	对湖北省药品第三方物流业的发展建立标准，对药品第三方物流企业提出明确的软硬件及管理要求
2012 年 2 月	《浙江省从事第三方药品物流业务指导原则》	浙江省药品监督管理局	在机构与人员、设施与设备、信息系统、制度与记录等方面提出了指导性的意见，助力药品流通领域现代物流的发展

发布时间	政策	发布单位	主要内容
2013 年 10 月	《河南省药品第三方物流验收标准（试行）》	河南省药品监督管理局	对企业开展药品第三方物流工作提出了明确要求，进一步提升药品流通体系的现代化水平和质量安全保障水平
2013 年 11 月	《安徽省药品现代物流标准设置指导意见》	安徽省药品监督管理局	从机构与人员、仓储条件、仓储设施设备、计算机信息管理系统、物流管理系统及质量管理制度等方面对药品现代物流的关键要素进行了明确，并将其作为新开办药品批发企业必须达到的条件
2015 年 7 月	《陕西省开展第三方药品物流企业验收标准》	陕西省药品监督管理局	对陕西省第三方药品物流业务的开展设置各项标准要求，促进第三方药品物流的发展
2014 年 12 月	《云南省药品批发企业代储代配服务有关规定（试行)》	云南省药品监督管理局	规定了开展药品代储代配企业验收标准，申请取得代储代配药品物流企业资质的程序以及药品委托储存、配送的确认程序等内容
2015 年 1 月	《山东省关于促进药品现代物流发展的通知》	山东省药品监督管理局	规定了开展第三方药品物流服务、药品批发企业委托试点、委托储存配送的质量管理要求及监管的具体要求

发布时间	政策	发布单位	主要内容
2014 年 4 月	《河北省医药现代物流企业验收标准（试行)》	河北省药品监督管理局	规定了河北省第三方现代医药物流企业验收标准，加快全省医药现代物流发展
2015 年 1 月	《重庆市第三方药品物流企业检查验收标准（试行)》	重庆市药品监督管理局	规定了重庆市开展第三方药品物流企业的各项标准
2005 年 8 月	《上海市第三方药品物流企业从事药品物流业务有关要求》	上海药品监督管理局	规定了上海开展第三方药品物流企业的各项标准
2015 年 3 月	《湖南省第三方药品物流管理规定》	湖南省药品监督管理局	促进药品现代物流发展，进一步规范第三方药品物流及药品委托储存、运输、配送行为
2014 年 11 月	《福建省关于促进药品现代物流发展的意见》	福建省药品监督管理局	规定了第三方药品物流企业验收标准，申请取得第三方药品物流企业资质的程序以及药品委托储存、配送的确认程序等

附录三　医疗器械与中药材相关政策汇总摘读表

	医疗器械类		
2015 年 7 月	《重点监管医疗器械目录》	天津市市场和质量监督管理委员会	加强医疗器械生产监管，结合天津市医疗器械生产监管实际情况，调整了天津市医疗器械重点监管目录
2014 年 5 月	《医疗机构药品和医疗器械管理办法》	陕西省食品药品监督管理局	为了加强对医疗机构药品和医疗器械的管理，保障人体安全有效地使用药品和医疗器械
2014 年 9 月	《湖南省第一类医疗器械生产备案与监督管理实施细则》	湖南省食品药品监督管理局	规范全省第一类医疗器械生产备案，加强医疗器械生产监督检查，规范医疗器械生产行为
2014 年 7 月	《江苏省医疗器械"五整治"专项行动实施方案》	江苏省食品药品监督管理局	重点整治医疗机构使用无证体外诊断试剂的行为；非法宣传行为；利用医疗科研院所或以专家、患者名义和形象作功效证明等进行违法广告宣传；非法夸大产品功效和适用范围等行为

	医疗器械类		
2014 年 7 月	《湖北省开展三类医疗器械专项整治》	湖北省食品药品监督管理局	在全省开展无菌和植入性医疗器械、避孕套、装饰性彩色平光隐形眼镜三类重点品种专项整治
2015 年 4 月	《关于开展医疗器械第三方物流试点评估及相关工作的通知》	北京市食品药品监督管理局	据全市高风险医疗器械经营企业经营规模、仓储运输能力和市场总量情况，对全市高风险医疗器械经营企业发展趋势进行预测，形成医疗器械经营环节物流发展规划报告，为今后医疗器械第三方物流企业的市场准入、日常监管机制和制度的建立及完善提供决策参考
	中药类相关		
2015 年 2 月	《进一步加强中药饮片生产经营和中药材中药饮片购进及使用管理的通知》	北京市食品药品监督管理局	中药饮片生产企业必须严格按照法定标准采购、检验中药材，按照法定标准生产中药饮片，生产的中药饮片必须按照法定标准进行全项检验，合格后方可出厂，国家已公布补充检验方法的，所用中药材、所产中药饮片应进行补充检验
2015 年 1 月	《江苏省中药材标准》	江苏省食品药品监督管理局	修订工作历时三年，经过标准起草、复核、审定，目前已基本定稿，共收载地方中药材标准 121 个品种

中药类相关			
2014 年 4 月	《2014 年中药材中药饮片专项整治工作方案的通知》	湖南省食品药品监督管理局	整治中药材市场存在的违法违规行为；整治中药饮片生产环节的违法违规行为；整治中药饮片流通使用环节的违法违规行为；针对突出问题，强化监督抽验
2015 年 3 月	《四川省中药材中药饮片专项整治方案》	四川省食品药品监督管理局	严肃药品生产经营准入标准，严格实施生产经营质量管理规范，规范生产经营行为，严厉打击出售假劣中药材、中药饮片行为；建立健全中药材中药饮片监管工作机制，防范系统性风险，确保风险可控，实现药品市场秩序进一步好转
2015 年 5 月	《2014 年浙江省中药材产业发展报告》	浙江省食品药品监督管理局	贯彻实施《关于进一步加强中药材管理的实施意见》；组织开展中药材生产质量安全专项整治活动；开展灵芝产业调研和生产规范监管；举办了全省杭白菊加工技术对接培训活动
2015 年 6 月	《中药材生产质量管理规范》（试行）	天津市食品药品监督管理局	主要分析了中药材的市场规模、中药材市场供需状况、中药材市场竞争状况和中药材市场主要企业经营情况、中药材市场主要企业的市场占有率，同时对中药材市场行业的未来发展做出科学的预测

附录四　中国物流与采购联合会 "A" 级药企汇总名单

级别	企业名称
5A	国药集团药业股份有限公司
5A	国药控股股份有限公司
5A	华润医药商业集团有限公司
5A	九州通医药集团股份有限公司
5A	国药控股湖北有限公司
5A	国药控股湖南有限公司
5A	国药控股江苏有限公司
5A	湖南全洲医药消费品供应链有限公司
5A	江苏亚邦医药物流中心有限公司
4A	安徽九州通医药有限公司
4A	福建九州通医药有限公司
4A	广东九州通医药有限公司
4A	河南九州通医药有限公司
4A	淮安九州通医药有限公司
4A	江西九州通药业有限公司

续　表

级别	企业名称
4A	山东九州通医药有限公司
4A	四川九州通科创医药有限公司
4A	天津九州通达医药有限公司
4A	芜湖九州通医药销售有限公司
4A	新疆九州通医药有限公司
4A	国药控股福建有限公司
4A	国药控股鲁南有限公司
4A	国药控股山西有限公司
4A	国药控股十堰有限公司
4A	国药控股襄阳有限公司
4A	国药控股盐城有限公司
4A	华润湖南双舟医药有限公司
4A	华润湖南医药有限公司
4A	华润南通医药有限公司
4A	华润新龙医药有限公司
4A	华润张家港市百禾医药有限公司
4A	湖南省瑞格医药有限公司
4A	南京医药南通健桥有限公司
4A	上海医药物流中心有限公司
4A	湖南博瑞新特药有限公司
4A	湖南达嘉维康医药有限公司
4A	湖南时代阳光医药健康产业有限公司
4A	湖南天士力民生药业有限公司
4A	湖南同安医药有限公司
4A	吉林大药房药业股份有限公司

续　表

级别	企业名称
4A	江苏澳洋医药物流有限公司
4A	江苏大众医药物流有限公司
4A	临沂中瑞医药有限公司
4A	南通苏中医药物流有限公司
4A	青海省富康医药集团有限责任公司
4A	山东康诺盛世医药有限公司
4A	山东瑞康医药股份有限公司
4A	通辽东方利群药品有限公司
4A	长沙双鹤医药有限责任公司
4A	长沙同安医药有限公司
3A	国药集团医药物流有限公司
3A	国药控股广东物流有限公司
3A	国药控股宁夏有限公司
3A	华润青岛医药有限公司
3A	华润新龙（十堰）医药有限公司
3A	内蒙古九州通医药有限公司
3A	厦门九州通医药有限公司
3A	福建鹭燕中宏医药有限公司
3A	华东医药供应链管理（杭州）有限公司
3A	宁波英特药业有限公司
3A	北京嘉和嘉事医药物流有限公司
3A	东南医药物流有限公司
3A	福建海华医药连锁有限公司
3A	广东联合亚太食品药品物流股份有限公司
3A	黄冈市卫尔康医药有限公司

续　表

级别	企业名称
3A	吉林融宇医药物流有限公司
3A	聚善堂（福建）医药集团有限公司
3A	南通庆堂春医药有限公司
3A	南通鑫泰医药有限公司
3A	宁波宝瑞达医药有限公司
3A	宁波市正源医药药材有限公司
3A	片仔癀（漳州）医药有限公司
3A	山东大舜医药物流有限公司
3A	山西碧锦纳川贸易有限公司医药分公司
3A	永州市邦联医药物流有限责任公司
3A	漳州杏春堂医药连锁有限公司
3A	浙江宝瑞医药有限公司
3A	浙江鸿汇医药物流有限公司
3A	浙江嘉信医药股份有限公司
3A	浙江永升医药物流有限公司
3A	中山市亚太医药物流有限公司
2A	广州国药药材清平医药有限公司
2A	海南泓泰医药物流管理有限公司
2A	四川回春堂药业连锁有限公司
2A	四川遂宁市全泰堂药业有限公司
2A	浙江华药物流有限公司
2A	大庆福瑞邦医药有限公司
1A	江西裕民药业有限公司

说明：

1. 5A 级医药企业共计 9 家；

2. 4A 级医药企业共计 41 家；

3. 3A 级医药企业共计 31 家；

4. 2A 级医药企业共计 6 家；

5. 1A 级医药企业共计 1 家；

6. 入选药企共计 88 家。

附录五 代表性药品现代医药物流中心企业汇总名单

省份	序号	企业名称
北京	1	北京医药股份有限公司
	2	北京嘉和嘉事医药物流有限公司
	3	九州通医药集团（北京）
	4	北京京卫利达医药物流有限公司
	5	华润新龙（北京）医药有限公司
	6	华润新龙现代医药物流中心
	7	康德乐（中国）医药有限公司
	8	北京科园信海医药经营有限公司
	9	中国健康产业股份有限公司
上海	10	国药集团医药物流有限公司
	11	上海慧康大药房
	12	老百姓大药房
	13	上海虹桥生物医药有限公司
	14	国药控股股份有限公司
	15	上海永裕医药有限公司
	16	上海外高桥医药分销中心有限公司
	17	上海医药分销控股有限公司

续　表

省份	序号	企业名称
福建	18	聚善堂医药物流集团有限公司
	19	片仔癀（漳州）医药有限公司
	20	东南医药物流有限公司
	21	福建鹭燕中宏医药有限公司
	22	福建海华医药连锁有限公司
	23	厦门九州通医药有限公司
	24	福建九州通医药有限公司
	25	聚善堂（福建）医药集团有限公司
	26	漳州杏春堂医药连锁有限公司
广东	27	广州医药有限公司
	28	深圳市合丹医药有限公司
	29	广东惠州卫康医药有限公司现代医药物流中心项目
	30	中山市亚太医药物流有限公司
	31	广东美康大光万特医药有限公司
	32	广州市清平医药物流有限公司
	33	广东振东泰捷医药物流有限公司
	34	广州医药有限公司
	35	广东深华药业有限公司
	36	广州中山医医药有限公司
	37	汕头市创美药业有限公司
	38	广东大生医药有限公司
	39	广州东健药业有限公司
	40	珠海市禾晨医药有限公司
	41	广东亚联医药有限公司
	42	广东普慈药业有限公司
	43	揭阳市润丰医药有限公司
	44	广东杉木药业有限公司

省份	序号	企业名称
广东	45	广东天勤医药有限公司
	46	国药控股广州有限公司
	47	广东九州通医药有限公司
	48	东莞市广济医药有限公司
江苏	49	江苏盐城药业有限公司
	50	江苏亚邦药业集团
	51	江苏省医药公司
	52	江苏恩华药业股份有限公司
	53	江苏淮安华龙医药物流中心项目
	54	江苏淮安九洲医药有限公司
	55	南京医药南通健桥有限公司
	56	徐州淮海药业有限公司
	57	江苏华为医药物流有限公司
	58	徐州医药股份有限公司
	59	南通国药控股医药有限公司
	60	苏州华润医药有限公司
	61	常州恒泰华洋药业有限公司
	62	南京医药（淮安）天颐有限公司
	63	南通苏中医药物流有限公司
浙江	64	华东医药供应链管理（杭州）有限公司
	65	浙江英特药业有限公司
	66	浙江嘉信医药有限公司
	67	浙江珍诚医药有限公司
	68	宁波医药股份有限公司
	69	浙江鸿汇医药物流有限公司

续 表

省份	序号	企业名称
四川	70	四川 IHC 国家健康产业城
	71	四川科伦医药贸易有限公司
	72	遂宁市西部华源医药有限公司
	73	四川海棠药业有限公司
	74	四川省医药股份有限公司
	75	招商局物流集团成都医药有限公司
	76	四川九州通科创医药有限公司
安徽	77	安徽华源物流有限责任公司
	78	安徽丰原医药物流有限公司
	79	国药控股安徽有限公司
	80	南京医药合肥天星医药有限公司
	81	安徽双鹤药业有限责任公司
山东	82	青岛黄海制药有限公司
	83	山东康惠医药有限公司
	84	济南恒丰伟业医药有限公司
	85	山东海王银河医药有限公司
	86	山东瑞康医药股份有限公司
	87	华润山东有限公司
	88	淄博众生医药有限公司
	89	济宁健桥药业有限公司
	90	青岛百洋医药科技有限公司
	91	山东瑞朗医药经营有限公司
	92	山东康诺盛世医药有限公司
	93	山东宏济堂医药集团有限公司
	94	山东大舜医药物流有限公司

续 表

省份	序号	企业名称
山西	95	山西亚宝医药物流配送有限公司
	96	山西鑫民源药业有限公司
	97	山西亨通医药批发有限公司
	98	山西碧锦纳川贸易有限公司医药分公司
广西	99	广西贵港市健生药业有限公司
	100	国药控股广西有限公司
	101	广西修正堂医药营销有限公司
云南	102	云南昊邦医药销售有限公司
	103	昆明鑫源堂医药有限公司
	104	云南白药集团
河北	105	国药乐仁堂有限公司
	106	河北金仑医药有限公司
	107	唐山海湾物流有限公司
	108	河北唐山美康医药有限公司
河南	109	辅仁药业集团有限公司
	110	河南九州通医药有限公司
	111	河南德尔康药业有限公司
	112	河南新博源医药有限公司
	113	河南博济光明医药有限公司
	114	河南天方药业股份有限公司
	115	华润河南医药有限公司
湖北	116	新龙药业集团
	117	九州通医药集团
	118	国药控股湖北有限公司
	119	华润新龙医药有限公司
	120	黄冈市卫尔康医药有限公司

续　表

省份	序号	企业名称
湖南	121	湖南全洲医药食品物流港有限公司
	122	长沙同安医药有限公司
	123	株洲千金药业股份有限公司
	124	华润湖南双舟医药有限公司
	125	天士力湖南医药公司
	126	湖南省天健医药有限公司
	127	湖南景生医药有限公司
	128	湖南达嘉维康医药有限公司
	129	湖南时代阳光医药有限公司
	130	永州市邦联医药物流有限责任公司
黑龙江	131	黑龙江亚康医药有限责任公司
	132	大庆福瑞邦医药有限公司
	133	华润黑龙江医药有限公司
吉林	134	吉林药品经营有限公司
	135	华润吉林康乃尔医药有限公司
	136	长春三精医药有限公司
	137	吉林大药房药业股份有限公司
	138	华润吉林医药有限公司
	139	吉林融宇医药物流有限公司
辽宁	140	东北制药集团股份有限公司
	141	辽宁华杰医药物流有限公司
	142	辽宁康迪医药有限公司
	143	辽宁成大方圆医药有限公司
	144	辽阳瑞康医药物流有限公司
	145	大连东彩东北医药物流中心有限公司

续　表

省份	序号	企业名称
内蒙古	146	内蒙古通辽东方利药品有限公司
	147	内蒙古圣力医药有限公司
陕西	148	陕西华远医药有限公司
天津	149	天津中新药业集团股份有限公司
新疆	150	新疆九州通医药有限公司
贵州	151	贵州苗都现代医药物流经营有限公司
海南	152	海南华健药业有限公司

说明：

1. 应部分企业要求，其名单未纳入统计。

2. 代表性药品现代物流中心是指企业物流库房处于所在省份相对现代化、信息化的领先地位。

3. 部分具备现代药品物流中心的药企，并未取得当省药品第三方物流或现代物流批复件。

附录六　中国各省市药品现代物流、第三方物流批复件授予名单

区域	省份	序号	企业名称
东北地区	黑龙江	1	黑龙江九州通医药有限公司
		2	哈药集团医药有限公司
	吉林	3	国药控股吉林有限公司
		4	吉林省东龙医药物流配送有限公司
		5	华润吉林康乃尔医药有限公司
		6	吉林融宇医药物流有限公司
		7	吉林省新御投资股份有限公司
		8	国药控股延边有限公司
		9	吉林省旷骅医药物流股份有限公司
	辽宁	10	国药控股沈阳有限公司
		11	辽宁天士力医药物流有限公司
		12	华润辽宁医药有限公司
		13	辽宁九州通医药有限公司
		14	辽宁利洲医药有限责任公司
		15	辽宁成大方圆医药有限公司

续　表

区域	省份	序号	企业名称
华北地区	北京	16	华润医药商业集团有限公司
		17	北京科园信海医药经营有限公司
		18	北京京卫利达医药物流有限公司
		19	国药物流有限责任公司
		20	北京嘉和嘉事医药物流有限公司
		21	北京九州通医药有限公司
	天津	22	天津九州通达医药有限公司
		23	国药控股天津有限公司
	河北	24	河北金仑医药有限公司
		25	国药乐仁堂医药有限公司
		26	石药集团中诚医药物流有限公司
	内蒙古	27	内蒙古邮政快递物流公司
		28	内蒙古蒙东医药现代物流有限公司
华东地区	上海	29	国药集团医药物流有限公司
		30	上海医药物流中心有限公司
		31	康德乐（上海）医药有限公司
		32	上海外高桥医药分销中心有限公司
		33	上海九州通医药有限公司
		34	国药控股上海生物医药有限公司
	江苏	35	国药控股苏州有限公司
		36	国药控股扬州有限公司
		37	江苏九州通医药有限公司
		38	江苏澳洋医药物流有限公司
		39	江苏省医药公司
		40	徐州医药股份有限公司

续　表

区域	省份	序号	企业名称
华东地区	江苏	41	南京医药（淮安）天颐有限公司
		42	淮安九洲医药有限公司
		43	江苏华为医药物流有限公司
		44	南京医药康捷物流有限责任公司
		45	苏州上药供应链有限公司
		46	华润苏州礼安医药有限公司
		47	扬子江药业集团江苏扬子江医药经营有限公司
		48	南京医药药事服务有限公司
		49	江苏亚邦医药物流中心有限公司
		50	江苏百科医药有限公司
华东地区	福建	51	福建鹭燕中宏医药有限公司
		52	福建九州通医药有限公司
	安徽	53	国药控股安徽有限公司
		54	安徽九州通医药有限公司
	山东	55	山东瑞中医药有限公司
		56	山东大舜医药物流有限公司
		57	山东康诺盛世医药有限公司
		58	山东宏济堂医药集团有限公司
		59	山东瑞朗医药经营有限公司
		60	山东康惠医药有限公司
		61	青岛百洋医药科技有限公司
		62	山东九州通医药有限公司
		63	山东瑞康医药股份有限公司
		64	济南瑞康医药有限公司
		65	华润山东医药有限公司

区域	省份	序号	企业名称
华东地区	山东	66	济南同科医药物流有限公司
		67	淄博众生医药有限公司
		68	山东华潍医药有限公司
		69	山东容大医药有限公司
	浙江	70	浙江英特物流有限公司
		71	浙江震元物流有限公司
		72	浙江嘉信元达物流有限公司
		73	杭州萧山国际机场航空物流有限公司（浙江航空开发总公司）
		74	运必送物流（杭州）有限公司
		75	华东医药供应链管理（温州）有限公司（温州华东惠仁医药有限公司）
		76	宁波英特物流有限公司
		77	华东医药供应链管理（杭州）有限公司
		78	浙江华药物流有限公司
		79	金兆达供应管理（杭州）有限公司
		80	浙江永升医药物流有限公司
		81	浙江英特物流有限公司金华分公司
中南地区	河南	82	河南九州通医药有限公司
		83	华润河南医药有限公司
		84	国药控股河南股份有限公司
		85	民生集团河南医药有限公司
	湖南	86	华润湖南医药有限公司
		87	湖南天士力民生药业有限公司

续　表

区域	省份	序号	企业名称
中南地区	湖北	88	国药控股湖北有限公司
		89	九州通医药集团物流有限公司
		90	华润新龙医药有限公司
		91	南京医药湖北有限公司
		92	人福医药集团股份公司
	广西	93	广西九州通医药有限公司
		94	国药控股广西物流有限公司
	广东	95	广东康力医药有限公司
		96	国药控股广州有限公司
		97	广州医药有限公司
		98	广东九州通医药有限公司
		99	广东通用医药有限公司 （广东美康大光万特医药有限公司）
		100	广州市清平医药物流有限公司
		101	广州中山医医药有限公司
		102	汕头市创美药业有限公司
		103	广东振东泰捷医药物流有限公司
		104	华润广东医药有限公司
		105	广东利泰医药物流有限公司
		106	广东恒福医药有限公司
		107	广东联合亚太食品药品物流股份有限公司
		108	广东省医药集团有限公司
	海南	109	国药控股海南有限公司
		110	海南三叶药业集团（三叶医药物流管理有限公司）
		111	海南泓泰医药物流管理有限公司

区域	省份	序号	企业名称
西南地区	四川	112	国药控股四川医药股份有限公司 （四川省医药股份有限公司）
		113	四川九州通医药有限公司
		114	遂宁市西部华源医药有限公司
		115	四川科伦医药贸易有限公司
		116	顺意丰医药有限公司
	云南	117	云南昊邦医药销售有限公司
		118	昆明鑫源堂医药有限公司
西北地区	甘肃	119	甘肃省邮政速递物流有限公司
		120	国药控股甘肃有限公司
	宁夏	121	宁夏中邮物流公司
		122	国药控股宁夏有限公司
	新疆	123	新疆九州通医药有限公司
		124	新疆新特药民族药业有限责任公司（国控子公司）
	山西		无
	重庆		无
	西藏		无
	陕西		无
	青海		无
	贵州		无
	江西		无
	台湾		无
	香港		无
	澳门		无

说明：

1. 应部分企业要求，其未纳入统计。

2. 获得药品现代物流、第三方物流批复件的部分企业，实际物流建设与运营水平不具备先进性，因此与代表性药品现代物流中心企业并不完全一致。

附录七 2014 年医药流通百强企业仓储资源抽样调研表

序号	企业名称	主营业务收入（千元）	仓储面积（平方米）	备注
1	中国医药集团总公司	223360469	140 万	企业自报
2	华润医药商业集团有限公司	88446150	69 万	企业自报
3	上海医药集团股份有限公司	85376000	31 万	企业自报
4	九州通医药集团有限公司	40998748	25.38 万	企业自报
5	广州医药有限公司	28749287	12 万	企业自报
6	重庆医药（集团）股份有限公司	23202047	20.8 万	企业自报
7	南京医药股份有限公司	22018276	18 万	行业调研
8	华东医药股份有限公司	18947379	10 万	企业自报
9	中国医药健康产业股份有限公司	17857373	2.5 万	企业自报
10	四川科伦医药贸易有限公司	15457691	20 多万	企业自报
11	安徽华源医药股份有限公司	14733069	17 万	企业自报
12	浙江英特药业有限责任公司	14045957	10.17 万	企业自报
13	天津天士力医药营销集团有限公司	12558250	11.6 万	企业自报

序号	企业名称	主营业务收入（千元）	仓储面积（平方米）	备注
14	云南省医药有限公司	11200000	3.6万	官网数据
15	康德乐（上海）医药有限公司	10000727	10万	企业自报
16	中国北京同仁堂（集团）有限责任公司	7867916	11万	企业自报
17	山东瑞康医药股份有限公司	7816764	6万	年报数据
18	山东海王银河医药有限公司	7295940	10多万	官网数据
19	哈药集团医药有限公司	7271632	3万	官网数据
20	鹭燕（福建）药业股份有限公司	6310713	10万	企业自报
21	天津中新药业集团股份有限公司医药公司	6200205	—	—
22	石药集团河北中诚医药有限公司	6009745	2.68万	企业自报
23	天津医药集团太平医药有限公司	6002021	4500	
24	广西柳州医药股份有限公司	5652353	10万	企业自报
25	嘉事堂药业股份有限公司	5534158	5.3万	企业自报
26	重庆桐君阁股份有限公司	4748778	—	—
27	江苏省医药公司	4096812	3万	企业自报
28	浙江省医药工业有限公司	4041889	—	—
29	陕西医药控股集团派昂医药有限责任公司	3876849	4万	公开资料显示
30	武汉人福医药有限公司	3865011	1万	公开资料显示
31	同济堂医药有限公司	3815132	1.56	公开资料显示
32	江西南华医药有限公司	3812983	2.2万	企业自报
33	江西汇仁集团医药科研营销有限公司	3806046	4.2万	企业自报

续　表

序号	企业名称	主营业务收入（千元）	仓储面积（平方米）	备注
34	重庆长圣医药有限责任公司	3644301	—	—
35	云南东骏药业有限公司	3502118	2.5 万	企业自报
36	常州药业股份有限公司	3432226	—	—
37	浙江瑞海医药有限公司	3356626	—	—
38	修正药业集团营销有限公司	2890875	—	—
39	广州采芝林药业有限公司	2885585	—	—
40	陕西华远医药集团有限公司	2845790	1.1 万	企业自报
41	湖南博瑞新特药有限公司	2795145	4.1 万	官网数据
42	辽宁省医药对外贸易有限公司	2582437	2420	官网数据
43	安徽省医药（集团）股份有限公司	2506704	2.4 万	官网数据
44	罗欣医药集团有限公司	2479696	—	—
45	回音必集团有限公司	2317979	—	—
46	礼来贸易有限公司	2227705	3000	企业自报
47	康德乐（中国）医药有限公司	2126623	2 万	企业自报
48	山东康惠医药有限公司	2126341	1.4 万	官网数据
49	福建省医药集团有限责任公司	2097662	3 万	官网数据
50	连云港康缘医药商业有限公司	2095748	1.5 万	企业自报

说明：从 2014 年医药流通百强企业中抽样 50 家企业进行仓储资源的调研。

北京嘉德实创制冷科技有限公司
Beijing Jiade Shichuang Refrigeration Technology Co., Ltd.

嘉德实创

公司介绍

北京嘉德实创制冷科技有限公司成立于2001年,注册资金1000万元人民币,专业从事各类医药物流、医疗器械及生物制药相关冷库、阴凉库、温湿度监测、冷库验证等工作。公司拥有符合GSP/GMP管理安装要求的相关资质,如机电设备安装资质、安全生产许可证、制冷空调安装维修资质、压力管道安装维修资质、ISO 9001:2008质量认证体系证书等。

冷　库

医药冷库根据药品、器械储存及生产要求分为:温度2℃~8℃,湿度35%~75%;温度-18℃~-22℃,湿度无要求。医药冷藏库、冷冻库主要用于常温下无法保质的各类医药产品及疫苗、血浆等。

阴凉库

阴凉库指一般温度在0℃~20℃,各库相对湿度保持在35%~75%,并避光的保存库区。阴凉库须配备带有记忆和打印的智能温湿度监测系统。

温湿度监测报警系统及验证

冷库温湿度监测系统有测点终端、管理主机、不间断电源以及相关软件组成。企业应当对储存设施的测点安装方案进行测试和确认,对冷藏、冷冻储存及运输设备的测点终端安装方案进行验证。

全国热线服务:400-606-0025

地址:北京市朝阳区望京南湖东园122楼博泰国际B座1015　邮编:100102
传真:010-84644261　联系电话:010-84644257/58/59/60
网址:www.jiade.cc　E-mail: Jd@jiade.cc

医药物流行业推荐塑料托盘

派瑞特，您信赖的塑料托盘供应商

PTD-1210P10

平板川字(加钢管)

产品尺寸：1200mm×1000mm×140mm
静态载荷：6 吨
动态载荷：1.5 吨
货架载荷：1 吨

PTD-1210P11

平板川字(加钢管)(自动化立体库专用)

产品尺寸：1200mm×1000mm×155mm
静态载荷：6 吨
动态载荷：1.5 吨
货架载荷：1 吨

PTD-1210X2

网格川字(加钢管)

产品尺寸：1200mm×1000mm×150mm
静态载荷：6 吨
动态载荷：1.5 吨
货架载荷：1 吨

创新·高效·专业

我们在医药领域所供的塑料托盘具有卫生条件好，易于清洗，使用便捷,可配套多种物流设备使用，如手动液压车、叉车、堆垛机、穿梭车、AGV、输送链、高位货架等。我们生产的塑料托盘卫生性、环保性等满足医药行业要求，为医药行业GMP/GSP认证提供了质量保障。

成功案例

销售热线:021-57238000

www.pallet-sh.com

上海派瑞特塑业有限公司
地址：上海市金山区亭林镇兴工路1号
邮编：201505

微信公众号:
Shanghaipallet